マンガ

悪用禁止！

裏心理学

齊藤 勇 監修

宝島社

はじめに

文明の発達とともに、私達の生活は便利になった。メールやＳＮＳができたことで、顔を合わせなくてもコミュニケーションが可能になった。しかし、ライフスタイルが変化しても、やっぱり人間関係が悩みということは変わらない。

人間関係の問題は、人と人の心のすれ違いが原因だ。相手を怒らせてしまった時、なぜ怒っているのか考えても、それは結局のところ想像でしかない。なぜ怒っているのか？　本人にすら、その本当の理由がわかっていないこともある。そんな悩みを少しでも解決すべく、人間の心を科学的に解明しようとしたのが心理学だ。

心理学は、実験とその結果の蓄積によって人の心の法則を導き出すが、これを応用した心理テクニックも存在する。「続きはＣＭの後で」でおなじみのゼイガルニク効果は、中断された事柄を深く印象づける効果だ。この効果を利用することで、誰かの「忘れられない人」になることもできるだろう。人間心理の裏ワザとも言うべきこうしたテクニックは、一流のビジネスパーソンの間では常識のように利用されている。

本書では、マンガで描かれた人間模様のなかで、人間の心理がどのようなテクニックで動かされるのか、わかりやすく解説した。また、人の感情と行動がどのようにリンクしているのかがわかりやすいよう、状況もなるべく詳細に描写するようにした。

人の心の動きが、法則やテクニックで読み取れるようになれば、あなたの人生は間違いなくより一層豊かになるだろう。本書がその一助となれば、幸いである。

齊藤 勇

マンガ悪用禁止！ 裏心理学 contents

第7章 心の隙間をこじ開ける悪魔的恋愛テクニック

第8章 より良い関係にはお互いの違いを受け入れること

登場人物紹介

本《もと》村《むら》円《まど》香《か》

魅世堂社員。蝶野の教育係で、化粧が濃い。心理学テクニックを使いこなす。本店から浦地支所へと異動を命じられる。

蝶《ちょう》野《の》繭《まゆ》子《こ》

大学を卒業後、魅世堂に入社した新入社員。本店で勤務していたが、浦地支所（別名監獄《プリズン》）に異動を命じられる。

正《しょう》路《じ》清《きよ》彦《ひこ》

魅世堂に新卒で入社してきたイケメンで、蝶野の同期。蝶野達が監獄《プリズン》から出られるよう、協力を申し出る。

須《す》田《だ》結《ゆい》

魅世堂社員で、本村とは同期で仲が良い。身に覚えのない罪で「裁判」にかけられ、浦地支所での勤務を命じられる。

生田希美《いくたのぞみ》

魅世堂本店のマネージャーを務めるお局。SMの女王様を髣髴とさせる着こなしが特徴の独身。浦地支所に足繁く出入りしている。

城戸麗奈《きどれいな》

魅世堂社員。本店の女子社員お局グループを束ねるリーダー的な存在。女子社員達は誰も彼女に逆らえないらしい。

生田《いくた》 歩《あゆむ》

魅世堂浦地支所、通称監獄《プリズン》の所長。オネエ言葉が特徴的で、過酷な労働環境で女子社員達をこき使う。

相田叶子《あいだかなこ》

魅世堂社員。見た目は幼いが、お局の一員。酒に強く、目的達成のためなら手段を選ばない腹黒い性格。

菊池《きくち》 誠《まこと》

魅世堂の社長を務める。やり手で知られており、野心家で用心深い性格。会長を社長の座から追放したとの噂もある。

小田巌《おだいわお》

魅世堂本店の部長で、かつて生田希美の上司だった。厳格な性格で、時に冷酷な表情で相手を圧倒する。会長を尊敬しており、正路にも何かと手を貸す。

正路清志《しょうじきよし》

魅世堂の会長を務める。普段の業務は社長が取り仕切っているため、あまり表に出てこない。小田をはじめ、多くの部下に尊敬される人格者。

第1章
第一印象は その後を決定づける

ここは魅世堂・銀座サロン
創業140年を誇る
化粧品メーカーの
最大の旗艦店
創業以来の社屋は
ランドマークとして知られ
化粧品の他 エステやデトックスを
売りにしたパーラーも展開し
顧客にはVIPが名を連ねる
まさに
美の殿堂である
MI SEI DO
蝶野繭子
魅世堂新入社員
おはよう
……ご……
？
あれ？
誰もいない
朝礼に間に合う様にと
言われたけど、
この階じゃないの？

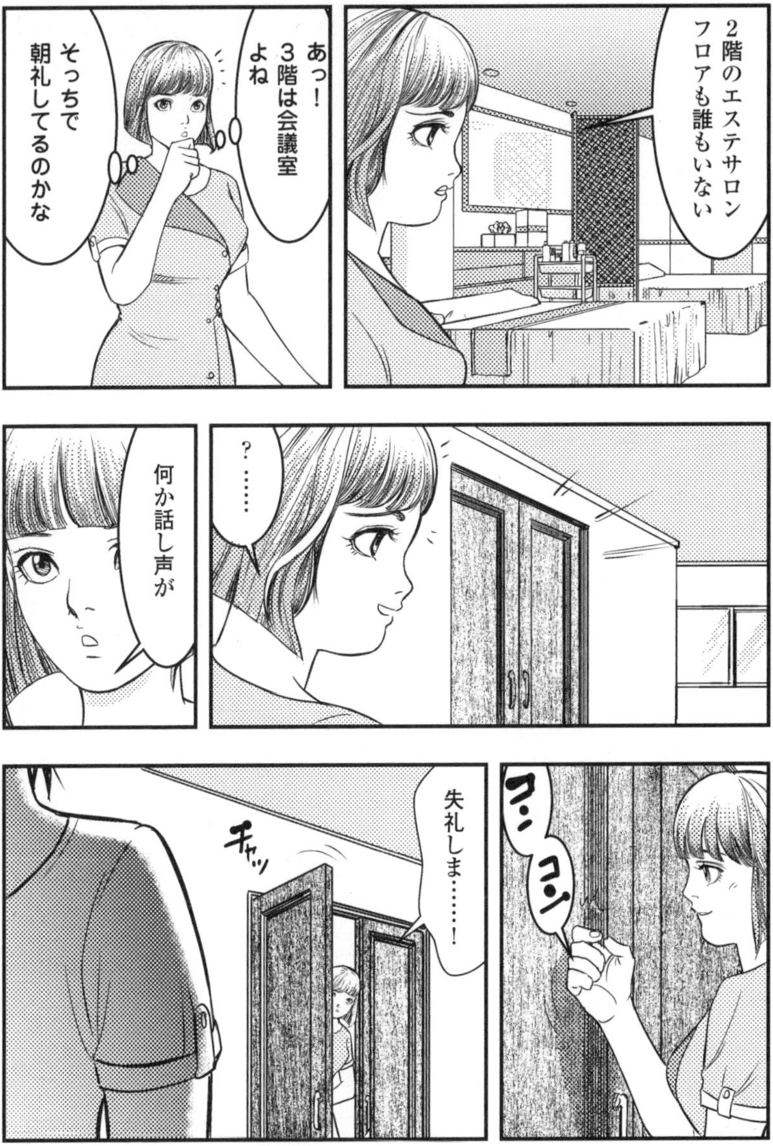
2階のエステサロンフロアも誰もいない
あっ！3階は会議室よね
そっちで朝礼してるのかな
？……
何か話し声が
コンコン
ガチャッ
失礼しま……！

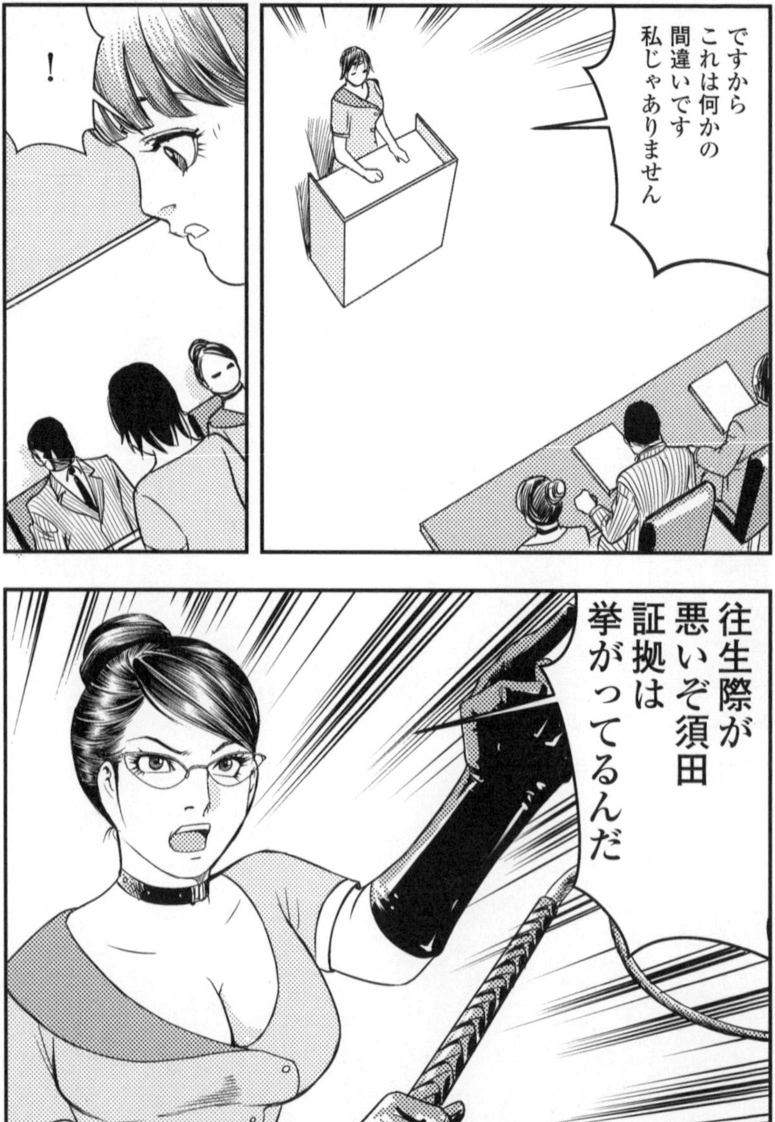
ですから
これは何かの
間違いです
私じゃありません
!
往生際が
悪いぞ須田
証拠は
挙がってるんだ

えー では判決を言い渡す 須田結、本日付で浦地支所勤務を命ずる
プ…… 監獄《プリズン》……
いやあ～～！
ダッ！
ヒッ
須田みっともないぞ 素直に罪を認めろ
あぐっ
ビシッ！
この女を連行お願いします
くっ……
任せておけ

！
チラッ
誰だお前
今の 見てたのか!?
す……
すみません
朝礼があると思って
今見た事は
忘れなさい
いいね
は……はい
……では
ついて来なさい
な……
何なの
この会社…

城戸麗奈
魅生堂化粧品売場スタッフ
生田さん
あの件は無事に片付きました
須田は支所に異動です
キラッ
生田希美
魅生堂化粧品売場マネージャー
プ……プリ支所に
すべて須田がやった事……お客様に「スッピンは関取みたいですね」なんて言ったのはあいつです

そうね
お客様に喧嘩を
売るなんて……
あ、
ありがとう生田さん……
感謝します
いえ
とんでもない
ポッ
な……何？
人間関係も
ちょっと複雑そう
ここ魅世堂サロンでは
3・4Fの本部、2Fサロン
1F化粧品とパーラーの
4部門に分かれる
新入社員は全員
現場でもっとも多い
化粧品売場に配属される
連絡事項です
本日付で須田さんが
浦地支所に転属になりました

ザワ
えっ
浦地へ
ザワ
ザワ
プ……
プリズン
ザワ
……
それと、
今日から新人2名が
配属されます
今日から
配属されました
蝶野繭子です
よろしくお願いします
!
同じく
正路清彦です
いろいろご指導下さい
よろしくお願いします
正路清彦
魅生堂新入社員
ザワ
カッコイイ
ザワ
ステキな人ね

ではそろそろ10時です
皆さんしっかり
お客様の対応お願いします
はい
ザッ
ウィーン
ダッ
ようこそいらっしゃいませ
イク様～
一刻も早く
お会い
したかった
これは片桐様今日も
すてきなお肌ですね
しかしちょっとだけ
お化粧のノリが芳しく
ありませんかも
さっ
あちらで早く
タッチアップ
いたしましょう

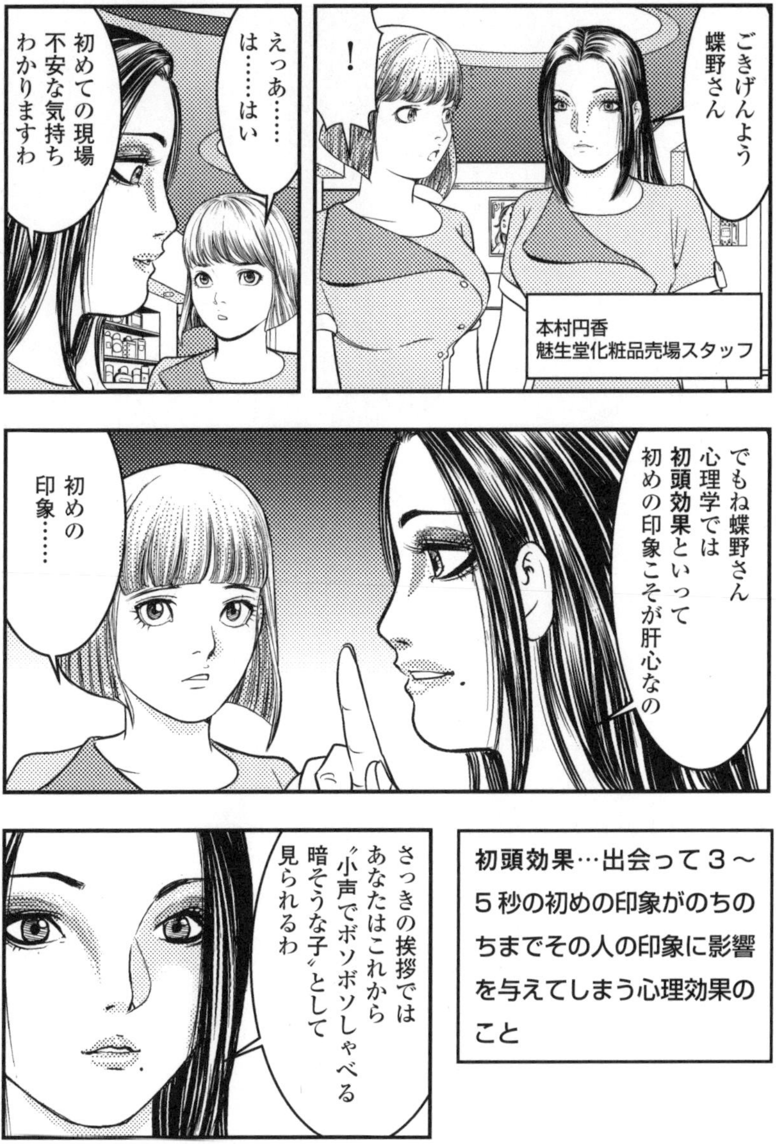
ごきげんよう 蝶野さん
！
本村円香
魅生堂化粧品売場スタッフ
えっあ…… は……はい
初めての現場 不安な気持ち わかりますわ
でもね蝶野さん 心理学では 初頭効果といって 初めの印象こそが肝心なの
初めの 印象……
初頭効果…出会って３～５秒の初めの印象がのちのちまでその人の印象に影響を与えてしまう心理効果のこと
さっきの挨拶では あなたはこれから 〝小声でボソボソしゃべる 暗そうな子〟として 見られるわ

す……すみません
好印象を与えるには、まずは見た目が大切
これはメラビアンの法則といって……
……美しい立ち姿そして笑顔
発声はお腹からよく通る声でせめてお客様にはいい印象を与えて下さいね
ピシッ
……
メラビアンの法則…人の印象は視覚情報、つまり見た目が5割、声のトーンや話し方の聴覚情報が4割を占める。話の内容はわずか1割しか意識されない

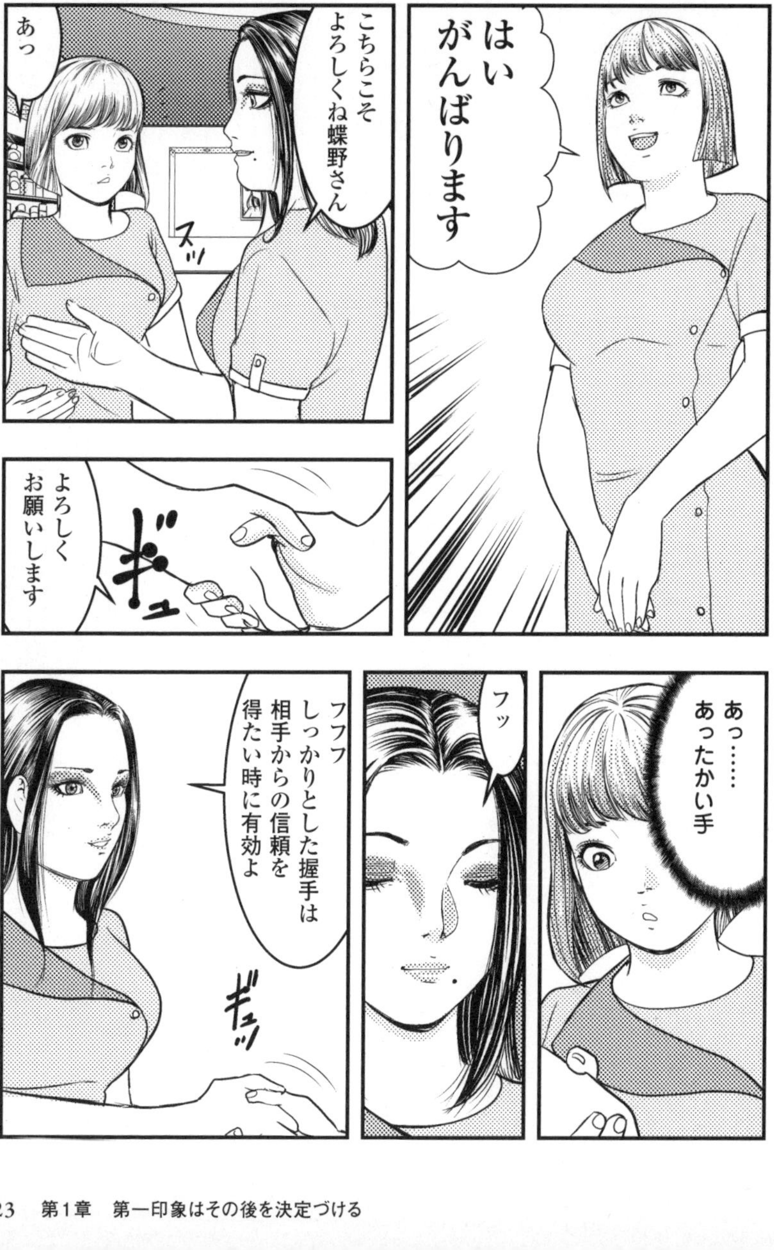
はい
がんばります
こちらこそ
よろしくね蝶野さん
スッ
あっ
よろしく
お願いします
ギュ
あっ……
あったかい手
フッ
フフフ
しっかりとした握手は
相手からの信頼を
得たい時に有効よ
ギュッ

覚えて おきます
いい蝶野さん 人の心に 謎などないのよ
心理学を使えば 人の心を知る事も あやつる事も できるのですよ
ビクッ
あっ 蝶野さんおはよう 同期の人がいて 心強いよ
あっ正路さん わ…… 私も……です

研修中は話した事なかったけどこれからもよろしくね
先輩もヨロシクお願いします正路清彦です
本村円香ですよろしく
スッ
ギュッ!
あらこの握手……なかなかやりますわね
そう言えば蝶野さんてキレイな名前だね
私もそう思ってたのよ
ありがとうございます嬉しいです
東都歌劇団にいそうよね

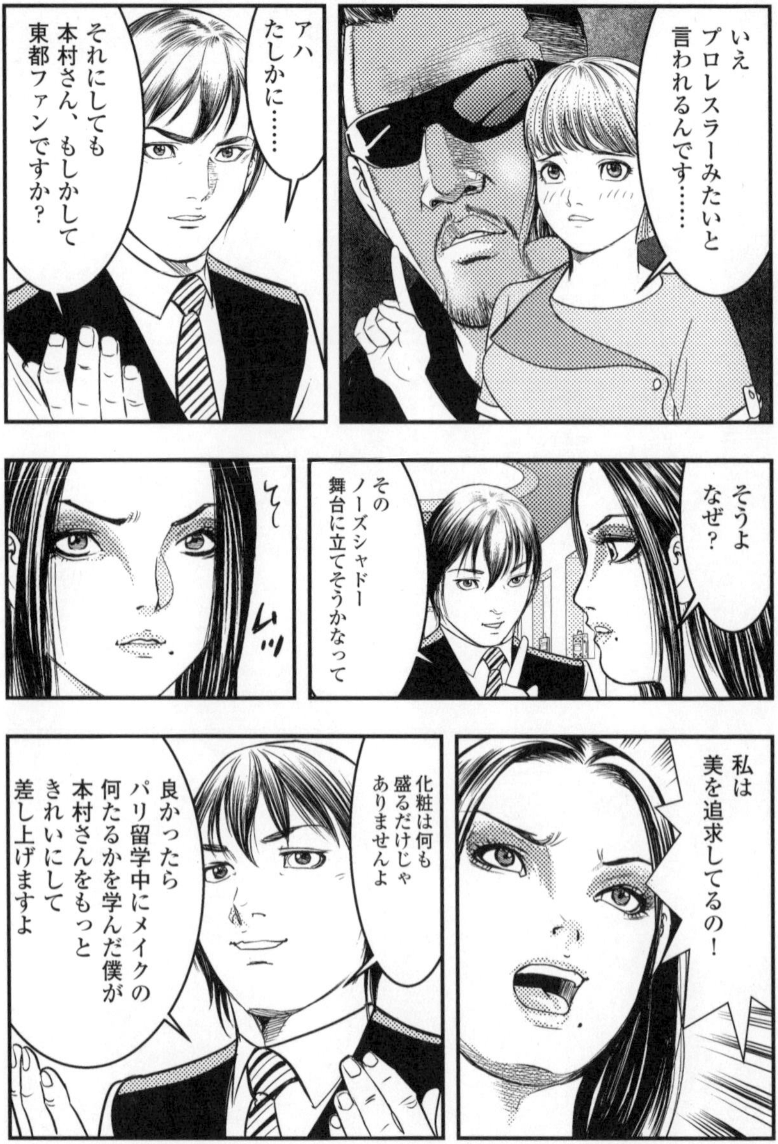
いえ
プロレスラーみたいと
言われるんです……
アハ
たしかに……
それにしても
本村さん、もしかして
東都ファンですか？
そうよ
なぜ？
その
ノーズシャドー
舞台に立てそうかなって
ムッ
私は
美を追求してるの！
化粧は何も
盛るだけじゃ
ありませんよ
良かったら
パリ留学中にメイクの
何たるかを学んだ僕が
本村さんをもっと
きれいにして
差し上げますよ

まあでは お手並み拝見と いきたいですわね
決まり みんなで 連絡先交換 しましょう
ええ
私にも メイクの事 教えて下さい
いいよ 繭子ちゃんは メイク薄すぎだし もったいないよ
ポッ
何……この子 これは心理学でいう 自我関与効果の応用、名前呼び！
自我関与効果…ある事柄が自分に関係していると感じる事で、親密さや恋愛感情を抱きやすくなる心理効果。恋愛では、自分の事を相手に考えさせるために、わざと嫌味を言ったり、逆に悩みを相談する事で関心度を高めるテクニックがある。名前で呼び親密さを演出するのもその一つ

狙ってるのかしら？
それとも……素？
この子
何者かは知らないけど
……できる！
魅生堂
MI SEI DO
……
また いらして下さい
生田さん

ちょっと
いいかしら
はい
何でしょう
従業員専用
私……正路君を
狙うわ
！
それは……
しかし……
わかってる
彼は会長の
御曹司でイケメン
私にとっても高嶺の花……
でも
だからこそ
私をもう一度
誰にも後ろ指
さされる事のない
陽の光へ連れ戻して
くれる気がするの

麗奈様 承知しました
麗奈様のためなら 協力は惜しみません
ありがとう さっそく お願いがあるの
はい 何なりと……
あの新人女と 本村をプリズン送りに してほしいの！
プ…… プリズン！
そう プリズンへ送るの

魅生堂浦地支所
通称・監獄《プリズン》
銀座サロンとは
通り一本を隔てただけの
立地だが、治安の悪さ
客層の悪さ、売上の悪さから
3Wとも呼ばれ
ここに配属された者は
3ヵ月ともたず廃人同然となって
辞めてしまうという
あら……やだ、私 またプリズンなんて……
いえ いいのです
そう…… でもどうやって あいつらを異動させて やろうかしら
何度も ミスを押しつける 手は使えないし……

お任せ下さい
私に考えがあります
本当に？
はい。
ミスを押しつけられないなら……
ミスをさせてしまえばいいのです
自ら望んでするように……
ギラッ
ニヤリ

心理テクニックのおさらい

初頭効果

初めの印象（第一印象）がのちのちまでその人の印象に影響を与えてしまう心理効果のこと。第一印象は、服装や表情、全体の清潔感、声のトーンなどが相手の評価に影響を与える。一度「こういう人だ」という人物像が定着したら、そのイメージを覆すことは難しい。

メラビアンの法則

人の印象を決定する時の、情報の優先順位を調査した心理学者メラビアンの実験に基づく。視覚情報、つまり見た目が5割、声のトーンや話し方の聴覚情報が４割を占め、話の内容はわずか１割しか意識されない。

自我関与効果

ある事柄が自分に関係していると感じることで、親密さや恋愛感情を抱きやすくなる心理効果。恋愛では、自分のことを相手に考えさせるために、わざと嫌味を言ったり、逆に悩みを相談することで関心度を高めるテクニックがある。名前で呼んで親密さを演出するのもその一つ。

応用テクニック①　初頭効果の応用

単純接触効果

人は身近な人に好感を抱きやすいもの。
頻繁に顔を合わせる機会をつくることで好感度を高める！

ターゲット	
異性	機会を見つけてちょっと顔を見せるだけでも効果アリ
同僚	ちょっとした用事でも、こまめに連絡を取ると○
取引先	まめに会いに行くことで誠意もアピールできる

ポイント

ザイアンスの実験結果では、会う回数が増えるほど好感度が増した。積極的に会う機会をつくろう

写真を見るだけでも親近感UP！

毎日顔を合わせる異性のことを、最初は何とも思っていなかったのに、何度も会ううちに気がついたら好きになっていた……というのはよく聞く話。これには、「単純接触効果」の働きがある。よく会う人ほど、好感を抱きやすいようになっているのだ。この効果が発揮されるのは異性だけではな

身体アダプター＝嘘をついても体は正直

心理学者ザイアンスは、大学生らに多くの人の写真をランダムに見せ、それぞれの写真の人物に対する印象を尋ねた

A～Cの写真を見せる回数を変える
実験参加者
見る回数が多いほど好感度もUP
A
B
C
初めて
2回
5回

初めて見る人の好感度がもっとも低く、見る回数が増えるほど、写真の人物の好感度が上がった

い。会社の同僚や取引先でも、頻繁に顔を合わせることでお互いが「見知った人」になることで、仕事がやりやすくなることだろう。

また、ＴＶのコマーシャルソングなどを好きになるのも、この効果が働いている。街角や自宅のＴＶなど、日常生活のなかで何度となく「接触」するうちに、自然と好感度が高まっているのだ。

心理学者ザイアンスの実験によって、実際に会わなくても、写真を見ただけでその人物の好感度が上がることが明らかになっている。この実験は写真を見せて好感度を測定する実験だったが、初めて見る人に対する評価に比べて、見せる回数が増えるほど高い評価を得る結果となったのだ。

初対面の印象がイマイチでも、何度か会っているうちにチャンスが巡ってくることが期待できる。

応用テクニック① メラビアンの法則の応用

口癖の印象

誰にでもある口癖
口癖から、相手の性格を読み取ることもできる

ターゲット	
上司	上司の前では極力口癖が出ないようにするだけで印象がUP
同僚	口癖から、考え方や性格を把握しておくことで優位に立ちやすくなる
異性	ネガティブな口癖が出た時にフォローできると好印象

ポイント
自分の口癖を知っておくことで、他人にどういう印象を持たれているのか把握することができる

ちょっとした一言でも人の印象は大きく変わるもの

ふとした時に出てくる「口癖」。ほとんどの人が何らかの口癖を持っているが、意外と本人には自覚がないことも多い。

話が「でも」「だって」で始まる人は多いが、相手に否定されたくない、自分の話を認めてほしいと考えている。しかし、話が否定から始まることで、相手にはネガティ

口癖でわかる性格診断

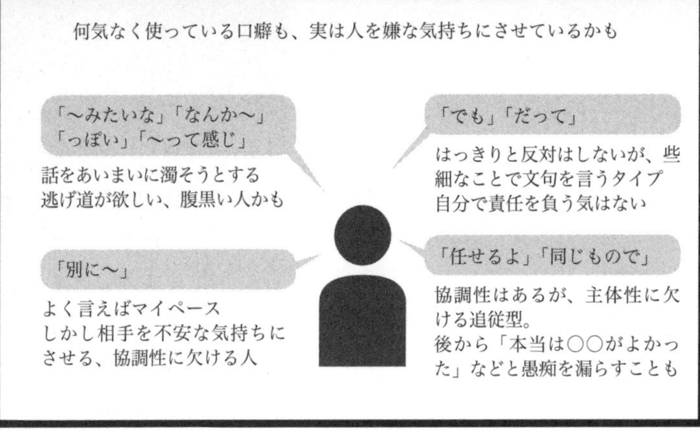
何気なく使っている口癖も、実は人を嫌な気持ちにさせているかも
「〜みたいな」「なんか〜」「っぽい」「〜って感じ」
話をあいまいに濁そうとする
逃げ道が欲しい、腹黒い人かも
「でも」「だって」
はっきりと反対はしないが、些細なことで文句を言うタイプ
自分で責任を負う気はない
「別に〜」
よく言えばマイペース
しかし相手を不安な気持ちにさせる、協調性に欠ける人
「任せるよ」「同じもので」
協調性はあるが、主体性に欠ける追従型。
後から「本当は〇〇がよかった」などと愚痴を漏らすことも

ブな印象を与えてしまう。

「〜みたいな」「なんか」「〜っぽい」が口癖の人は、相手がどんな反応をするのか気にする傾向があり、協調性には長けるが自分の意見を述べるのは苦手、あるいは自分の意見を持たない、自己主張が少ない人と言える。

「任せるよ」「何でもいい」「同じもので」が口癖の人も、人の意見につい合わせてしまうタイプの人。しかし、後になって「やっぱり〇〇がよかった」という不満は悪印象を与えることになってしまうため、注意が必要。

日常のふとした瞬間に、とっさに出てしまう口癖だが、自分がどんな癖を持っているのか知っておくといいだろう。日頃無意識に使っている口癖だけに、思わぬ場面で悪印象を与える事態を避けることができる。

応用テクニック①　初頭効果の応用

色の印象効果

初対面の印象はのちのちまで影響する。
色の効果を利用して、相手に与える印象をあやつる！

印象を左右する色の効果をあなどるなかれ

初対面の印象は、服装や髪型の清潔感や姿勢など、ほとんどが見た目に関すること。見た目の印象には、もちろん色も含まれる。勝負パンツにはやる気をかきたてる赤色がいいとか、寒色系のネクタイは知的に見えるといった話があるように、色は人の感情に様々な影響を与えるだけでなく、そ

ターゲット	
取引先	冷静な印象の青、優しい印象の緑などが信頼を得やすく○
上司	威厳のある黒や情熱的な赤を身に着けると信頼感UP
異性	白なら軽快な感じ、黒なら知的でスマートな印象を与えられる

ポイント

たくさんの色を使おうと欲張ると、落ち着きのない印象を与えるので、ポイントになる色を決めるべし

色使いで心理をコントロールできる

一般的に赤は情熱、青は沈静、抑制、緑は安定、調和、黄色は希望、光、紫は高貴、欲求不満のイメージがあるとされる

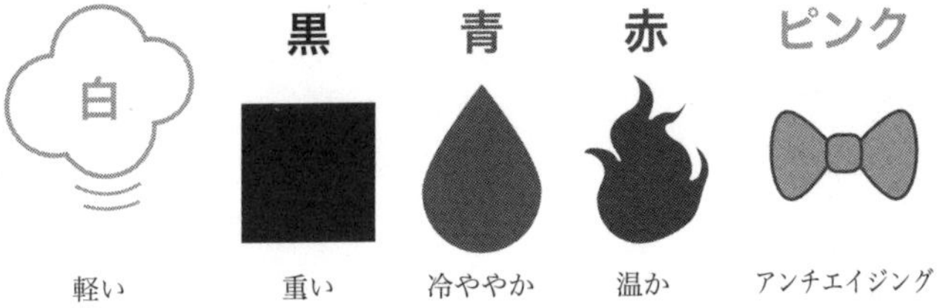

の色を身に着けている人の印象まで左右する。

初対面の人に会う時には、濃い緑の服や小物を身に着けることで安定感や安心感を演出することができ、相手に信頼感を与えることができる。人見知りで初対面ではうまく話せない人には黄色がおすすめ。黄色には親しみやすさを与える効果があり、相手も陽気に話しかけてくれるかもしれない。

日常生活で身に着けることの多いオーソドックスな色としては、白、黒、グレー、紺などが挙げられるが、それぞれ白は軽さや清潔感、黒は重厚感やシャープさ、グレーは落ち着きとさわやかさ、紺は知性……といった印象。面積の大きいスーツやコートはオーソドックスに、ネクタイやメガネなどポイントでカラフルな色を使うと、ＴＰＯにも合わせやすい。

色の効果は空間やインテリアにも影響を与える

服装だけでなく、照明やインテリアにも色の効果は大きく、暖色系の照明は時間の流れを早く感じさせ、食事をおいしく見せる一方で、青い照明は時間の流れを遅く感じさせるが、(食事の色合いが不自然になることで)食欲を減らす効果がある。レストランを訪れる際には、落ち着いて話したい取引相手とは寒色系の照明の店舗で、食事を楽しみながら親交を深めたい異性とは暖色系の照明の店舗で……など、店の照明も考慮に入れるといい。

自宅のインテリアの色も、生活に合わせて選びたい。部屋でゆったりとくつろぎたいなら青色をベースにすると安らぎを感じることができ、夜もぐっすりと眠りにつけるだろう。赤のインテリアは気力回復に効果的とされるが、一面赤では安らげないので、ポイントとして使うのがおすすめ。また、ピンクは女性ホルモンの分泌を促す効果があるため、若返りにも効果があるとされる。それぞれの効果を持つ色だが、自分の好きな色を選ぶことで毎日のモチベーションも保てるだろう。

自分の好きな色を基本に
シチュエーションと目的に応じた色選びを

第2章
プライドを刺激されたら
罠と心得よ

ミスをさせるってどうやって……
相田を行かせます
相田さん？
ああ なるほど そうね。名案だわ
ヤツならきっとうまくやってくれます。お任せ下さい
いつもありがとう よろしく頼むわ
御意
ニヤリ

こちらは新商品です
……
じゃあ、こちらいただくわ
ありがとうございます
ペコリ
蝶野さん私を見てメモを取るとは……
メモを取る事はいい事ね
大事なものとそうでないものとの情報の整理……
後で読み返す事で記憶の定着も期待できるわ

メモを取る姿には インタビュー効果がある。 蝶野さん 知ってるのかしら？
インタビュー効果…相手の話を聞きながらメモを取ることで、ただうなずくよりも「聞いている、興味がある」というアピールになる。そのような姿勢を見せることで、「相手の話を聞く熱心な人」と自分を印象づけることができ、評価アップにつながる。
あの……
あっ いらっしゃいませ
お客様 今日はお仕事帰りでございますか？
ええ…… いつもここ気になってて 今日は勇気を出して入ったんです
それは ありがとう ございます
いえ……
……
メモ
メモ

数あるなかから御来店ありがとうございます
いつも仕事の後はどちらかに寄られるんですか？
いつもはまっすぐ帰宅してるんですけど今週末食事に行く事になってて……
なるほど
これが本村さんの言ってた「内気な人には世間話から」作戦かぁ
いい蝶野さん サロンのお客様は常連さんだけじゃありません
買いたいものは決まってないけどなんとなくやってくる人もいる
目的があっても言い出せない内気な人もいるわ
そういう人達には世間話が有効なの
世間話ですか
そうよ
まずは世間話で相手をリラックスさせつつ興味のありそうな事を探るの

文脈効果といって興味のある話の後ならセールストークも気持ちよく耳を傾けていただけるの
文脈効果……
文脈効果…心理学者のフィッツサイモンズが明らかにした。相手の気分を良くするような話題の後には交渉も有利に運ぶことができる効果
お食事ですか週末はよくおでかけされるんですか？
いえ、休日はほとんど家で……それでせっかくの機会なので化粧品でも新調しようと……
では、特別な日にピッタリなメイクをご提案してもよろしいですか
お お願いします
この感じこの女性はきっとデートね

こちらで完成です チークで自然に染まる頬を演出し アイシャドーはパールが繊細なきらめきを放つピンク
リップは落ちにくく顔色をよく見せるオレンジベージュ
これが私？
オフィスにもOKな清楚さながらレストランの照明にも映えるパールがポイントでございます
でも私…… 自分でもできるかしら 同じ化粧品を買っても無駄になるかも……
コツさえつかめば簡単です 心配でしたら会社帰りいらしていただければできるまでポイントをお教えします
それならできる気がします 一式下さい
オオ…… 本村さんすごい

生田さんのおかげで正路クンもフォロー新人にしてもらえたわ フフフ
日本のメイクはやっぱり独特だなベージュにピンク「かわいい」がキーワードなのか？
ねぇ リップはやっぱり鮮やかなのがいいなァ
あら お客様は唇が分厚いですから目立たないベージュ系がよろしいかと
!!
――
お お客様は唇がセクシーですからこのあたりのツヤのあるピンクだと……
まるでアンジェリーナ・ジョリーですよ

やだアンジーだなんて照れちゃう……
本当にアンジーそっくりです
じゃあこれにします
ありがとうございます
LIP Cop
正路クンさっきはありがとう助かったわ
気にしないで下さい
私ったら無意識にお客様に失礼なことを言って……
誰にでもミスはありますよ
お礼に今日食事でもどう？
えっ今日？

今日は先約があって、本村さんと蝶野さんと飲むんです
あっ、そうなの
そうだ……よかったら城戸さんも一緒にどうですか？
若い人達のお邪魔しちゃ悪いから遠慮しておくわ
城戸さんも僕らと変わらないですよ……
でも、わかりましたまた今度誘って下さい
何よ何なのよ本当に
ガッ
ガッ
麗奈様
ガッ
い、生田
相田に同行させます

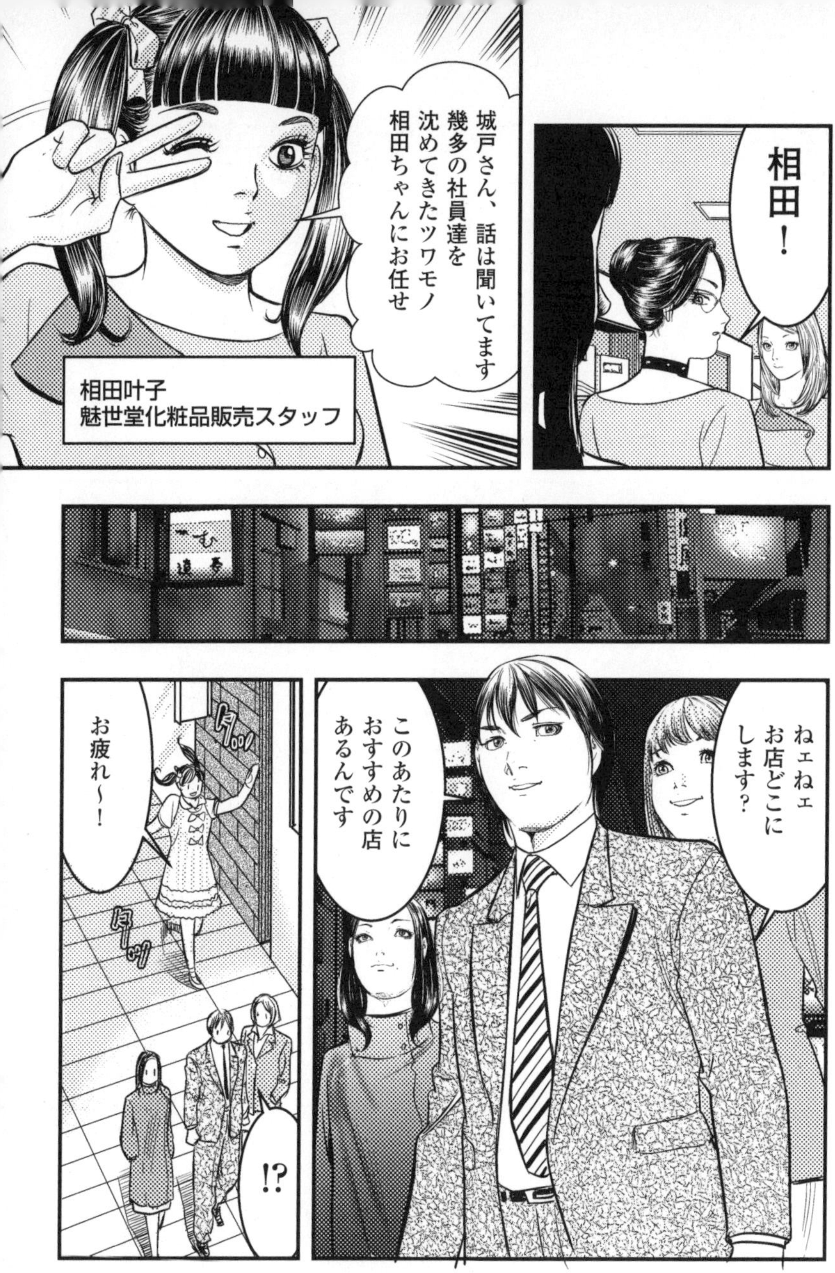
相田!
城戸さん、話は聞いてます
幾多の社員達を沈めてきたツワモノ相田ちゃんにお任せ
相田叶子
魅世堂化粧品販売スタッフ
ねェねェお店どこにします?
このあたりにおすすめの店あるんです
お疲れ〜!
!?

ねェねェ　もしかして
飲み会？
私も参加していい!?
も……
もちろん
大歓迎です
ちっ……
相田さん
この人がいる飲み会に
いい思い出がないわ
じゃあ……
私の行きつけの
居酒屋でいい？
いいですね
ちょうど
店選びしてた
ところです……ねっ
焼とり
すみません
注文お願いしまース
ザワ
ザワ
生と……
私は
カルーアミルク
ザワ

やだァ 生って言ったり白く濁ってるの頼むなんてエロ～イ……
ポッ
考えすぎですよ相田さん……
あ 私……ビールをピッチャーで
!
ピッチャー?
え?どーかしました?学生の頃から飲み会って言えばいつもピッチャーですけど
蝶野ちゃんが飲みサー出身とは予想外……まぁ逆にやりやすくなったわ
さー皆さん、これからの新人2人のためにカンパイしましょう
カンパーイ
では、私からは……
スッ

おつかれー
おつかれー
おーつーかーれーー
わぁ、なつかしい
コールですね
蝶野、
飲みまーース!
グビ　グビ
蝶野さんは
かなり天然ね
しかし、この相田さんの
ペースだと私の嫌いな
騒がしい飲み会に……
ねェねェ
せっかく4人で
飲んでるんですから
何かゲームでも
しない？
私は静かに……
わー
楽しそう
どんなゲームですか？
ち、蝶野さん
そうね
山手線ゲームなんか
どう？
私
山手線ゲームなど
存じません

でも本村さん
東都歌劇団での
山手線ゲームなら
できるんじゃありません
そ……それなら
断る訳には
はい決まり!!
負けた人は
ジョッキの一気飲みね
はい
じゃあ始めまース
古今東西
山手線ゲーム
東都歌劇団の団員の
名前
パン
パンッ
わぁ〜
また蝶野さん!
飲んで〜
焼とり
あー
名前が出ない〜
蝶野飲みま〜ス
グビ
グビ
さー
次いきまース

あーまた私負け 蝶野 飲みまース
じゃあ 次のお題は ビールの銘柄
あーアウト 相田 飲みまース
本村 飲みまース
蝶野 飲みまース
本村 飲みまース
蝶野 飲みまース
相田 飲みまース
も…… もう無理
こんなに飲んで負けるなんて悔しい もう少しで相田さんも潰れそうなのに……
はっ!! これはもしや サンクコスト効果を利用した相田さんの罠!?
サンクコスト効果…時間とお金をかけたことに対して、損をしていても取り戻そうとして「今さら退けない」と撤退できなくなる心理効果。ギャンブルなどでもこの効果によって、負けていても損失を取り戻そうとしてさらにお金をかけてしまう

初めに私に
有利なゲームで
達成感を植えつけ
中毒性を与え……
もっと勝ちたいと
思わせたのね
ニヤリ
でも、まだまだね相田さん
最初に達成感を
与えるだけではだめですわ
途中で部分強化を与えて
ランダムに成功させて
あげて相手をゲームに
依存させなくては……
部分強化・連続強化…報酬によってあることを繰り返す働きを強化という。
ある行動によって毎回報酬が手に入ることを連続強化、同じ行動でも報酬が手に入らないことがあることを部分強化といい、部分強化のほうが依存性が高いことが明らかになっている
バタッ
あっ
本村さん……
もうダウンですか
まだまだ飲みますよ
フフフ
任務終了って
ところね
後は
この女は
簡単そうね

魅生堂
MI SEI DO
朝礼が
始まるのに
どうしたんだろう
あの２人……
それに……
相田さんも
もう
こんな時間
遅刻ですよ
カラオケ
カッ
コッ

う……
もう一曲……
貴様ら!!
！
あっ生田さん？
い……今何時ですか！
ムクッ

今日も仕事だとわかっていながら潰れるまで飲んで挙句無断欠勤とはいい度胸じゃないか
も……申し訳ありません
あ……生田さんどうしてここに……
申し開きも必要ないな怠慢以外の何ものでもない!
貴様らに今日から支所勤務を命ずる今すぐ用意しろ
まっ待って下さい!生田さん
往生際が悪い!もう正午も過ぎこれは遅刻ではない
立派な無断欠勤だ

蝶野貴様
勤務2日目から
こんなマネして
まだ学生気分が
抜けていないようだな?
す……
すみません
本来なら懲戒解雇でも
おかしくないところ
異動で済ませてやろうと
言ってるんだ
感謝して
ほしいくらいだな
そ……
そんな

さあ
入れ
カッ
あ
何だ
また新入りか
ああ
よろしく
頼む

心理テクニックのおさらい

インタビュー効果

メモを取ることで、ただうなずくよりも「聞いている」というアピールになる。そうすることで、「相手の話を聞く熱心な人」と自分を印象づけることができ、上司など周囲からの評価アップにつながる。

文脈効果

心理学者のフィッツサイモンズが明らかにした、前後の文脈が交渉に大きな影響を与える効果。友人や趣味のことなど、相手の気分を良くするような話題の後には交渉も有利に運ぶことができる。

サンクコスト効果

時間やお金（もしくはその両方）をかけた事柄に対して、その時点でかかっている時間とお金をあきらめるほうが合理的でも、損をした分を取り戻そうとして「今さら退けない」と撤退できなくなる心理効果。

部分強化・連続強化

報酬が与えられることであることを繰り返す働きを強化と言う。ある行動によって毎回報酬が手に入ることを連続強化、同じ行動でも報酬が手に入らないことがあることを部分強化と言い、部分強化のほうが依存性が高いことが明らかになっている。

応用テクニック② 文脈効果の応用

認知的不協和

嫌いな人にはついそっけない態度を取ってしまいがちだが、
あえて褒めることで良好な関係を築くことが可能

ターゲット

上司　熱心にメモを取り、成長意欲のあることをアピールすれば、上司からの評価も高くなる

先輩　先輩の教えを素直に聞いてやる気のあるかわいい後輩という印象を与えておくと○

ポイント

返事が「イエス」「ノー」で完了するような質問の時にはメモは不要。ポーズだけと思われてしまう

嫌いな人からでも褒められると嬉しいもの

どうにも好きになれない相手とは、仲良くなろうと共通点を探しても、たいてい話題や性格もかみ合わないもの。

そんな時、「褒める」という行為を活用することで、自分が好意を持っていない相手（相手が自分に好意を持っていない場合でも可）とのギクシャクした関係も思いのま

認知的不協和と酸っぱいブドウ

「酸っぱいブドウ」はイソップ寓話の一つ

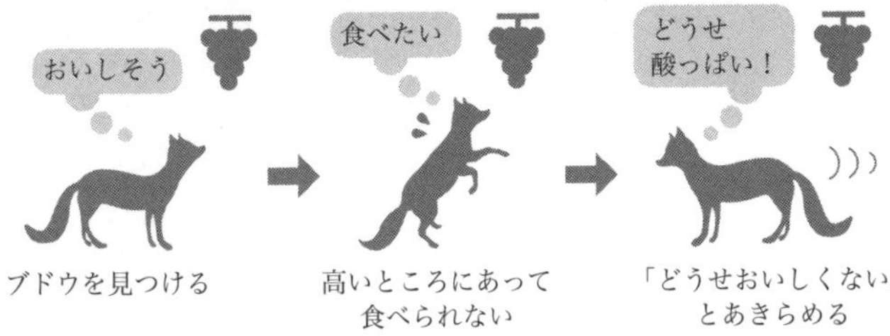
おいしそう
食べたい
どうせ
酸っぱい！
ブドウを見つける
高いところにあって
食べられない
「どうせおいしくない」
とあきらめる

おいしそうなブドウを食べたいのに食べられない……思っていることと現実が異なる状態を「認知的不協和」という。キツネは認知的不協和を解消するために、「どうせ酸っぱくてまずいブドウだった」と考え、自分を納得させた

まにコントロールすることができる。

好きではない相手に対して、わざわざ相手を褒めようとは思わないのが人情というもの。それを逆手に取って、あえて嫌いな（嫌われている）相手を褒めることで、相手の「こいつが自分を褒めるはずがない」という認識と、なのに褒められたという現実との間に「不協和」が生じる。

こうした不協和を心理学では「認知的不協和」といって、アメリカの心理学者フェスティンガーが提唱した。これは、人が自分の考えなどと矛盾するものと出会った時に心のなかで生じるストレス状態のことをいう。このモヤモヤとした精神状況を解決するために、「自分は初めから嫌われてなどいなかったのだ」と思い込むようになる。この際、相手への好感度も自然とUPする。

認知的不協和を巧みに利用すれば、相手の考えを誘導することができるのだ。

応用テクニック②　サンクコスト効果の応用

イエスのメンタルセット

自分の命令に忠実なイエスマンが欲しいと思ったら、
まずは小さい頼み事から始めよう

ターゲット

後輩

あくまでも「お願い」という形で頼むことで、多少無理な頼み事であっても受け入れてもらえる

部下

無茶な要求も、成長を期待しているからだ、とフォローしておくとモチベーションを維持できる

ポイント

相手のほうが下の立場だからと高圧的な態度で命令すると、反発心を招いてしまうのでNG

簡単な頼み事を続けると不思議と断りづらくなる

部下にとって上司は選ぶことができないもの。そして、それは上司にとっても同じこと。会社が安定して発展するためにも、上司だけでなく企業にとっても、「忠実な人材」は必要不可欠といえる。

部下になる人材を選ぶことはできなかったとしても、自分に忠実な部下に育て上げ

イエスのメンタルセット＝イエスはクセになる

あなたの言うことに忠実な部下。そんな部下は意外と簡単につくることができる。まずは簡単なお願いから、言うことを聞く癖をつけさせる

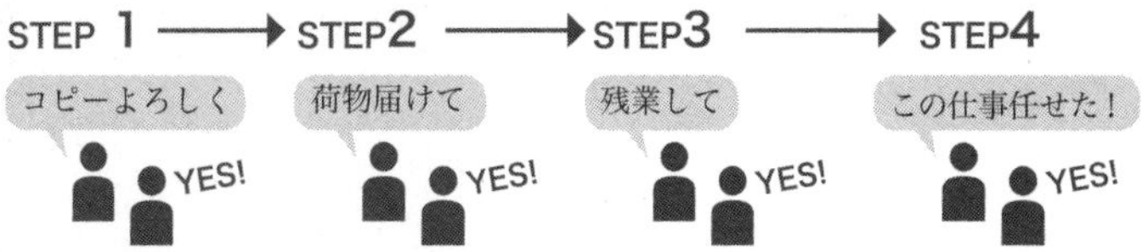
STEP 1
STEP2
STEP3
STEP4
コピーよろしく
YES!
荷物届けて
YES!
残業して
YES!
この仕事任せた！
YES!

イエスマンの量産には要注意！

イエスマンをつくるのは簡単。しかしイエスマンは基本的に自分で考えて行動するのが苦手なため、常に相手からの指示を待っている。そのためイエスマンが社内にはびこりすぎると、業績が悪化する恐れもあるため注意が必要

ることは可能だ。「イエスのメンタルセット」と呼ばれるスキルを使うのだ。人は一度「イエス」と言ってしまうと、その後のお願いに対しても「イエス」と言いやすくなってしまう。簡単なアンケートに答えた後、そのつもりはなかったのに断りづらくて住所や名前も書いてしまった……というのも、この効果を利用されたのだ。

部下を自分に忠実に教育するためにはちょっとしたコツがあって、初めは絶対に断られないような簡単な仕事を頼むこと。それをしばらく続けるうち、「あなたからの仕事＝簡単な仕事」というイメージが部下に定着したらこちらのもの。ほとんど無条件で「イエス」と答えるようになっている「イエスマン」の完成だ。

多少の無茶振りにも「イエス」と答えてくれるはず。

応用テクニック② サンクコスト効果の応用

プラス・マイナスのストローク

時間とお金をかけさせて執着を生むサンクコスト効果とは対照的に
無条件の「好き」にも相手の心を動かす効果が

条件付きの「好き」と無条件の「好き」がある

日常生活では、いろいろな人達とうまくやっていかなくてはならない。

しかし、実際には「みんな大好き」とはいかないもので、なかにはいけ好かない奴、顔を見るのも嫌な奴が出てくるのも仕方ないといえる。

こういった「好き」「嫌い」の他、「褒める」

ターゲット

同僚	「一緒にいると楽しい」などポジティブな言葉で、信頼も生まれる
異性	「一緒にいると落ち着く」など、無条件で好意を持っていることを伝えると安心感を与えることができる

ポイント

嫌いな人にも、「○○なところが嫌い」など、全面的な拒否はしないことで相手との溝を埋めることができる

ストローク

人から人への存在を認める行為全般のことをいう

	好意的	悪意的
条件付き	優しいから好き、気前がいいから好きなど、「○○だから好き」と好意的な感情に理由がある	厳しいから嫌い、怒りっぽいから嫌いなど、「○○だから嫌い」と悪意的な感情に理由がある
無条件	「あなたがいてくれるから幸せ」「あなたのすべてが好き」など、好意的な感情に理由がない	「何をしていても嫌」「視界に入るだけで無理」など、悪意的な感情に理由がない

人は、安らぎを与えてくれる相手を好きになり、一緒にいたいと思うことから、相手に対して「無条件・プラスのストローク」を投げかけられる人は好かれます

「叱る」など、人の存在を認めて行う行為を「ストローク」という。精神分析の流れをくむ、アメリカの精神科医のバーンが「交流分析」によって明らかにした。

「褒める」「好意を向ける」などポジティブな行為は「プラスのストローク」、「叱る」「嫌悪する」などネガティブな行為は「マイナスのストローク」に分類される。ちなみに、相手の存在自体を認めない「無視」はストロークには含まれない。ストロークは、あくまでも相手の存在を認めたうえで行う何らかの行為なのだ。

また、ストロークには肉体的接触を伴う「タッチストローク」と、心理的な交流を持つ「心理的ストローク」とがある。プラスのタッチストロークなら撫でる、握手する、抱きしめるなど友好的なもの、マイナスのタッチストロークなら殴る、蹴る……など時に暴力を供なうものもある。

無条件のプラスのストロークは人間関係を良好にする

さらに、プラス・マイナスのストロークには「お金持ちだから」好き、「暴力的だから」嫌いなど、好き・嫌いの感情に一定の条件を満たすことが前提となっている場合がある。これを「条件付き」のストロークという。対照的に、「一緒にいるだけで好き」「生理的に無理」など、条件が必要ないものは「無条件」のストロークに分類される。

良好な人間関係を築きたい時には、プラスのストロークは無条件に、マイナスのストロークは条件付きにするといいだろう。

大切な人から「お金持ちだから」「仕事ができるから」好き、ではなく「あなたがあなただから」好き、と無条件の肯定をもらうことで、人は自分自身の存在意義が満たされるように感じることができ、充足感を与えてくれた人を必要とするようになるのだ。反対に、「生理的に受け付けない」など、存在自体を否定されると対処することはとても難しい。マイナスのストロークは「片付けできないところが」嫌いなど、一定の条件を付けることで、不条理に人を避け、全否定することを防ぐことができる。

プラスのストロークは無条件に、マイナスのストロークは条件付きに！

第3章
相槌だけで相手の心を解きほぐす

ズ!!
なァーにィー
また新人〜？
生田歩
魅世堂浦地支所　所長
ヒッ！　だ、
誰ですか？
あんた達
うちのこと
監獄《プリズン》とか
呼んでるそう
だけど
監獄《プリズン》ならば
私はここの監獄長って
ことになるわね
私の言う事には
絶対服従
反抗は許されないわよ
……
何の臭い
やだ……
ちょっとすごい
酒臭いんだけど！
どんだけ飲んだのよ
だいたい
新人のくせに
午後出社なんて生意気！
さっさと制服に
着替えてらっしゃい！

所長
後は頼んだわよ
私は本店に戻るわ
はいはーい
お任せ～
あ、今日の晩ご飯
楽しみにしてる
所長
場をわきまえろ
ご……
ごめ～ん
何なの
この2人
どういう関係？
じゃあ
お疲れ～～
あんた達
ぼさっとしてないで
さっさと着替えて
な、何なの
この制服……

これで
接客するんですか
何か
みじめな気分に
なりますわ
似合う人のほうが
少ない服を制服に
するなんて……
親しみを生む
心理効果を
狙ったにしても
派手すぎですわ
親しみを生む心理効果…ファッションに、ダサいアクセサリーや寝癖などどこか1点抜けている箇所をつくり、「隙」を生むことで親しみを感じてもらうことができる。シャツのボタンを少し開けるなど、着崩しもこの効果を生む
須田
彼女らに仕事を
教えてあげなさい
は……はい
須田結
魅世堂社員　浦地支所勤務
ビッ
えっ円香！
と新人さん
あなた達も
ここに？
どうして……

話すと長いの
今日からよろしく
蝶野です
よろしく
お願いします
よろしく……
あ～
人が増えて
助かるわ～
DM封入作業と
あて名書き
たくさんあるから
しっかり頼むわよ
何ですのこれ
未だに業者に
頼まないなんて……
何て非効率な
本店と違って
予算がないの
仕方ないのよ
ちょっとそこ
口を動かしてないで
手を動かして頂だい
は……
はい！
魅生堂
MI SEI DO

あっ 相田さん！ 昨日、あの後何が あったんですか？
えっ？
えっじゃなくて 今日、2人まだ 出社していないじゃない ですか！
さあ～ 2人とも二日酔いじゃないの？ 私、昨日しっかりと看病したよォ
じゃ、私は この人達 介抱してくから おやすみ
いえ 心配ですから 僕も一緒に……
え～その目…… 介抱って言いつつ 私に何かする つもりでしょ
そ……そんな事 するわけ ないじゃないですか
ほら ムキになるところが ますますあやしい
違います じゃあ本当に 任せていいんですね 僕は帰りますよ

2人は任せて
おやすみ
じゃあ
おやすみなさい
ジャマは消えた。
さーて……
後はこの2人を……
カラオケ
う～ん、
もう飲めな～い
ゆ～っくり
ここで
眠ってね
お勘定だけは
私の奢り♡ フフ
目が覚めたら
監獄《プリズン》よ……
貴様ら
何ここで油売ってる
あっ
生田さん
本村さんと
蝶野さんは今日
お休みですか？
あの2人なら
無断欠勤の懲戒で
異動だ
そ
そんな、それだけで？
どういう事ですか！

他人のトラブルに首を突っ込まないほうが賢明だぞ
一体異動ってどこへ……？
すぐ裏の浦地支所よ……
通称 監獄《プリズン》
じゃあこの山を3人で均等に……
ちょっと待って それぞれの工程を同じように3人でやったら非効率ですわ
え？
紙を折る人 封筒に入れる人 宛名を書く人の工程を手分けしましょう
折る
入れる
書く

経営学の父といわれるフレデリック・テイラーによると、こういう細かいプロセスが必要な作業は
ひとりで全工程をこなすよりもベルトコンベヤー式に1工程ひとりの分業制にしたほうが結果的に早く終わるといわれてます
円香は相変わらず変なことに詳しいわね
ともかく本村さんを信じてやりましょう
またあの所長に怒られる
うんうんわかるぅ〜信じらんなァ〜〜い
コクン コクン
それでね……
所長と、お客さん盛り上がってますね
見てるだけでこっちの首が痛くなりそうな相槌……

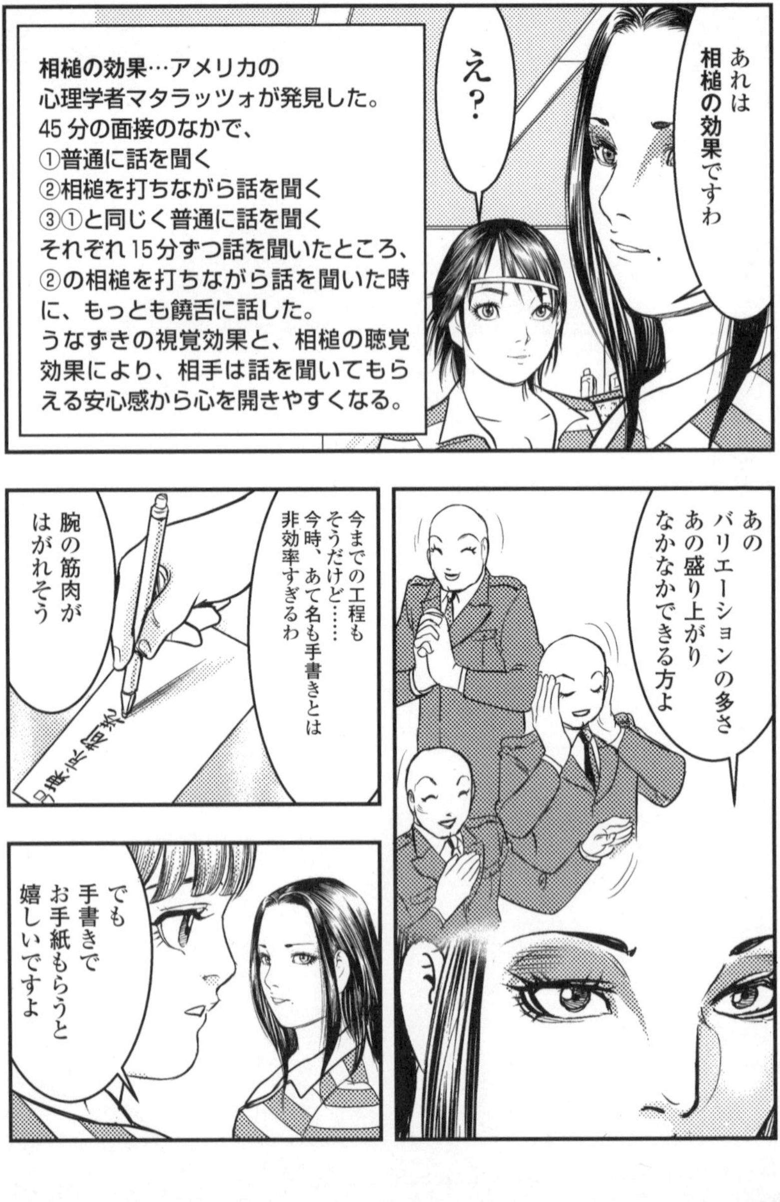
あれは相槌の効果ですわ
え？
相槌の効果…アメリカの心理学者マタラッツォが発見した。
45分の面接のなかで、
①普通に話を聞く
②相槌を打ちながら話を聞く
③①と同じく普通に話を聞く
それぞれ15分ずつ話を聞いたところ、②の相槌を打ちながら話を聞いた時に、もっとも饒舌に話した。
うなずきの視覚効果と、相槌の聴覚効果により、相手は話を聞いてもらえる安心感から心を開きやすくなる。
あのバリエーションの多さあの盛り上がりなかなかできる方よ
今までの工程もそうだけど……今時、あて名も手書きとは非効率すぎるわ
腕の筋肉がはがれそう
でも手書きでお手紙もらうと嬉しいですよ

あなたはポジティブでうらやましいわ
エヘヘ…
あら、もう定時ですわ。皆様上がりましょう
ガタッ
でも……
ちょ〜〜っと！何言ってるのまだ残ってるでしょそれ終わるまでは帰れないのォ〜〜バカね〜〜〜
ボソ
ボソ
う……嘘でしょ
MI SEI DO
正路クン昨日のお礼なんだけど今日はどう？
あ、せっかくなんですが今日はちょっと……
落ち込んでるみたいね？

私でよければ聞かせてくれない？もしかしたら力になれるかも……
あ……城戸さんありがとうございます
じゃあ後で待ってるから
はい失礼します
やりましたね麗奈様
ええ第一段階クリアよ
正路クン今日は何だか辛そうだけど仕事で何か困ったとか？
いえ、僕自身は何でもないんです

ただ、本村さんと蝶野さんのことが心配で
それで……でも正路クンは何も悪くないんじゃないの
……でも昨晩僕も残って2人を介抱していたら……
正路クンは優しいのね
けどあの2人なら大丈夫よ監獄《プリズン》には先客もいるし……寂しくはないはずよ
えっ？今監獄《プリズン》……って？それ……浦地支所の事ですか？
いっけなーいつい……私ったら……
そ……そうね、でもプリズンってのはニックネームみたいなもので……
何か名前の由来でもあるんですか？
えーと見た目がちょっと監獄に似てるからよ……

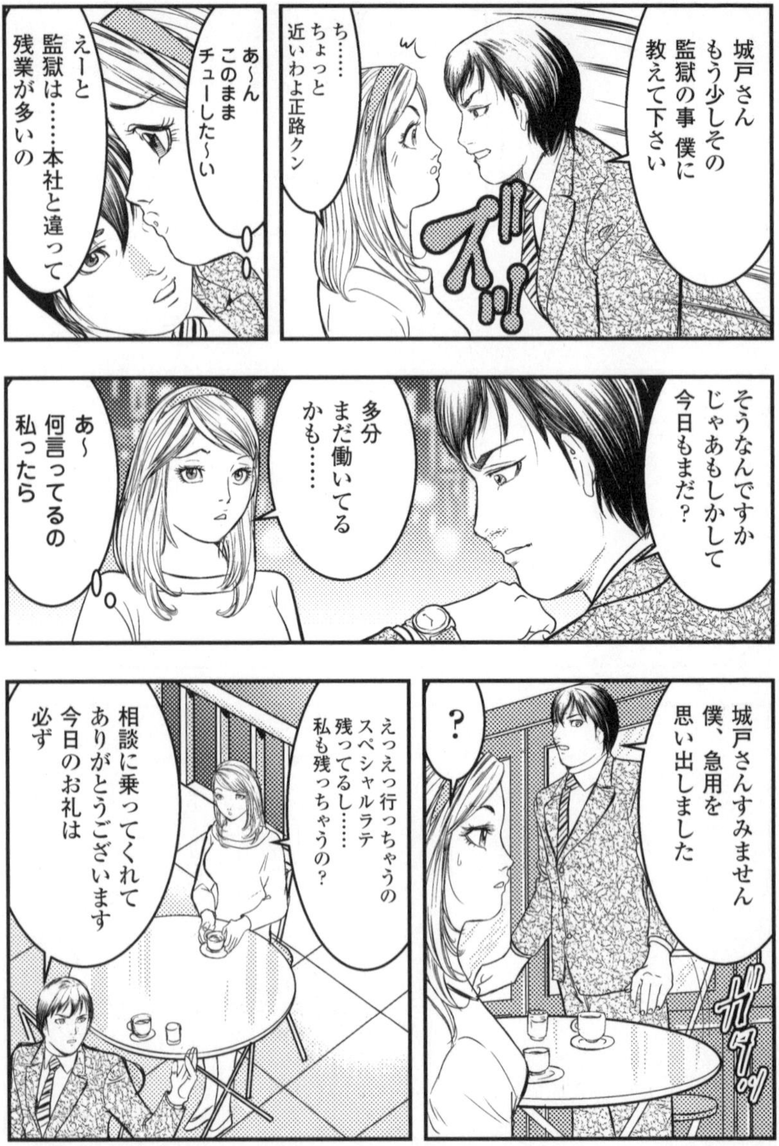
城戸さん もう少しその監獄の事 僕に教えて下さい
ズイッ
ち……ちょっと近いわよ正路クン
あ～ん このまま チューした～い
えーと 監獄は……本社と違って 残業が多いの
そうなんですか じゃあもしかして 今日もまだ？
多分 まだ働いてる かも……
あ～ 何言ってるの 私ったら
城戸さんすみません 僕、急用を 思い出しました
ガタッ
？
えっえっ行っちゃうの スペシャルラテ 残ってるし…… 私も残っちゃうの？
相談に乗ってくれて ありがとうございます 今日のお礼は 必ず

失礼します
タッ
またね
正路クン……
なんで私
こんなところに
ひとりぼっちに……
ドョーン
ピロリロ…♪
ピロリ♪
差出人 jwa55a-nao@xx.ne.jp
宛先 城戸 麗奈
麗奈♡
9時頃、いつもの
カフェで会おう
に会えるのを
しみにしてるよ
……でも
正路クンの態度
完全に私の事……
ないがしろだったわね
私だって
いつも暇な訳じゃ
ないのよ……
こ……
ここが監獄《プリズン》？

ギイッ
ごめん下さい！
いらっしゃい アラ～ イケメンじゃない
あっ 正路クン
あら 支所に来るなんて どうしたんですの？
どうしたじゃ ないですよ！
いきなり 異動だなんて 心配するじゃないですか!!
正路クン 優しいんだね 心配かけてごめん

フ〜ン 君が正路クンか こんなところまで 来るなんて律儀ね
ど…… どうも……正路です
皆さん この後少し時間 いただけませんか
いいですけど 今日は ノンアルコールで
当然ですわ まだ頭が 痛いもの
……でもまだ 仕事が 残ってるし……
何よその目 エサを欲しがる ネコみたいに！
ウル ウル
しょうがない 今日は初日だし イケメンに免じて 上がっていいわよ

その代わり
イケメン君とは
後日ゆっくり食事
したいわァ
う
近っ！
いいですよ
所長
ありがとう
ございます
じゃあ私達
着替えてくるから
裏で待ってて
わかり
ました
ねェ……ところで
本社のお坊ちゃんが
こんなところに
何の用？
ど……
どこでそれを
ヒ・ミ・ツ♡
ま……
また来ます！

いつでも待ってるわ
なんなら
異動してらっしゃい
私のタイプよ！
誰だ
そこにいるのは
！
何だ正路……
そこで何をしてる
まさかノゾキか？
ち、違います
3人を待ってるんです

私がいるとジャマそうだな正面に回るとしよう
あっ　生田さん
あなたは浦地支所に何か用が？
君には関係ない事だ
そうもいきませんよこの支所は謎だらけです
監獄《プリズン》と呼ばれていること……初対面の所長もなぜか僕のこと知ってるし……
！
誰かが君の噂してるんじゃないのかな
？

それは誰なんでしょうね
あるいは君が有名すぎるか
僕はただの新入社員ですよ
フン
スリ
……
……
お待たせしました
あっ
どうしたの正路クン
い……いや何でもないよ

何だ この違和感は ……
さっ 行きましょ
ちょっと 繭子ちゃんに 頼みたい事が あるんだけど
いいですよ 何？
うわ～ 名前呼びは 照れちゃう～
チラッ
ざわ
ざわ
ざわ

心理テクニックのおさらい

親しみを生む心理効果

ファッションに、ダサいアクセサリーや寝癖などどこか1点抜けている箇所をつくり、「隙」を生むことで親しみを感じてもらうことができる。シャツのボタンを少し開けるなど、着崩しもこの効果を生む。

相槌の効果

アメリカの心理学者マタラッツォが発見した。
45分の面接のなかで、
①普通に話を聞く
②相槌を打ちながら話を聞く
③①に戻して普通に話を聞く
それぞれ15分ずつ話を聞いたところ、②相槌を打ちながら話を聞いた時に、もっとも饒舌に話した。うなずきの視覚効果と、相槌の聴覚効果により、相手は話を聞いてもらえる安心感から心を開きやすくなる。

応用テクニック③　親しみを生む心理効果の応用

役柄が性格に与える効果

適度な着崩しはほどよい「隙」を生み、相手に親近感を与えるが、「役柄」は着ている人の性格に影響を与える

たとえ「擬似」でも人は役柄にハマり込んでしまう

人は生まれついての性格を持っているが、環境もまた人格に様々な影響を及ぼしていることが知られている。たとえ「擬似」であっても、与えられた環境や役割が人の性格に大きな変化を与えることがわかっている。

これを明らかにしたのはアメリカの心理

ターゲット

部下	肩書で既に立場が上なので、時々は優しく接することで好感度UP
同僚	チームリーダーなどの役割を得れば、優位に立てるかも
異性	異性に望む関係性は人によって異なるので、相手の性格の見極めが重要

ポイント

人は権力や肩書を得ると、ついつい濫用してしまうもの。周囲に迷惑をかけないよう、自制の心を忘れずに

ジンバルドーの監獄実験＝人の内面は役割に左右される

疑似監獄で被験者を看守と囚人に分けて実験を行い、実際の監獄と比較した結果、実験時の参加者の行動は実際の監獄と同じものになった

看守役

指示されていなくても、自発的に囚人役に対して罰を与えるようになる

囚人役

実際に監獄に入れられた囚人と同じ服従反応などが見られるようになる

普通の人が特殊な肩書や地位を与えられると、それにふさわしい行動を無意識に取る。上司と部下など、上下関係のある間柄の人がずっと一緒にいると、もとの性格に関係なく高圧的になるので距離感はほどほどに

学者ジンバルドー。一般の大学生などを集めて、擬似監獄に収容するという「監獄実験」を行った。実験参加者は囚人役と看守役の2組に別れて、役柄に応じた服を着せられる。それぞれ囚人・看守として本物の刑務所そっくりの擬似刑務所で生活し、環境がどの程度人の行動に影響を与えるのか観測を行った。

結果、実験は途中で中止されることとなった。実験参加者が役柄にハマり込んでしまい、これ以上の実験継続は危険と医師に判断されたためだ。

監獄での生活はあくまでも「実験」だと囚人役も看守役も理解していながら、実験が進むにつれて、看守役は囚人役を虐げるようになり、囚人役はおどおどと卑屈な態度、無気力な様子になっていった。人の性格は、環境や役割によって大きく変わってしまうのだ。

応用テクニック③ 親しみを生む心理効果の応用

距離をおく効果

最初に好印象を与えることに成功したら、しばらく距離をおいて会わないことで勝手に理想化してもらえる

第一印象が良ければ会わないうちに好感度が上がる

取引相手と親しくなるために、足繁く通っている人が邪険に扱われる一方で、時々しか会わないのに歓迎される人がいる。このような違いはどうして生まれるのだろうか？　この疑問への答えとなる実験結果が、オハイオ州立大学から発表された。

この実験では、遠距離恋愛中のカップル

ターゲット

取引先	あまりプライベートに踏み込んだ会話をするのも失礼にあたるので、積極的にテクニックを活用したい
異性	出会ったばかりの頃に自分のことを相手に印象づけるには有効。最初から遠距離恋愛なら、その効果が長く続く

ポイント

身近な同僚や上司には使えない。そんなに頻繁に顔を合わせない関係性の人に使うことで効果を発揮できる

「会えない」効果で美化される人物像

会えないことがどのような影響を及ぼすのか、オハイオ州立大学では遠距離恋愛中のカップルを集め調査実験を行った

遠距離恋愛中のカップル
頻繁に会うようになると……
今何してる？
早く会いたい！
前のほうがよかった
イメージと違う

遠距離恋愛中は相手を理想化する傾向が20％ほど高い

遠距離ではなくなることで、別れてしまう確率が30％高い

を集め、遠距離でなかなか思うように会えないことがお互いの愛情にどのような影響を与えるのかが調べられた。それによると、遠距離恋愛中のカップルは相手を美化している度合いが通常より20％高く、遠距離恋愛が終わって頻繁に会える関係になった途端、相手が自分のイメージと違っていることがわかり、別れてしまう確率が30％高いことが明らかになった。

なかなか会えない人の事を美化してしまうのは、ビジネスにも当てはめることができる。第一印象で好感を与えたら、その後はしばらく疎遠にする。

そうすることで、相手のなかであなたの美化が進み、何度も頻繁に会いに行く必要もないため効率もいい。むしろ頻繁に会うようになると美化された人物像とのギャップに気づかれてしまうことがあるので、注意したい。

応用テクニック③　相槌の効果の応用

姿勢の効果

適度な相槌は「話を聞いてくれている」と相手に好感を与え、話す時の姿勢は、その内容よりも説得力を持つことも

ターゲット

部下	真剣に話を聞いてくれる上司、と好印象を与えて信頼を得る
取引先	ここぞという時の前傾姿勢で、誠実さと熱意をアピール
異性	前傾姿勢を使う事で、キラーフレーズにも信頼度が高まる

ポイント

後傾姿勢はふんぞり返っている、偉そうな印象を与えるので、できるだけ避けたほうがベター

座る時の姿勢で説得力にも差が出る

思いを伝えるのは、言葉だけではない。人のしぐさや姿勢もまた、相手に思いを伝える働きを持つ。コミュニケーションの相手の姿勢からもメッセージが読み取れることはもちろん、こちらの姿勢からも相手は無意識のうちにメッセージを読み取っており、これを「非言語コミュニケーション」と

話す時の姿勢は相手に影響を与える

カーリーは説明時の姿勢による説得力の違いについて調査した

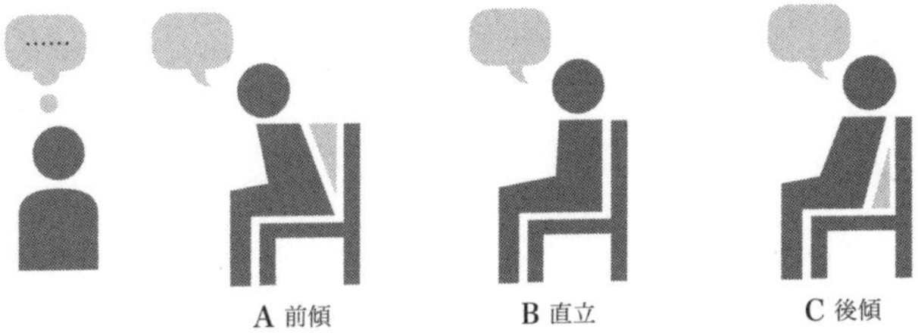

A、B、Cの3通りの姿勢で、同じ内容の説得を試みた場合、Aの姿勢の時にもっとも説得率が高い結果となった。まっすぐに座って相手の目を直視しながら話すよりも、やや前傾姿勢で説得したほうが好印象を与えられる

いう。

アメリカの心理学者カーリーは対面して座った実験参加者に対して、三つの異なる姿勢で同じ内容の説得をするという実験を行った。

一つは「前に傾いて座った姿勢」、二つめは「まっすぐに座った姿勢」、三つめが「後ろに傾いて座った姿勢」。このうち、もっとも説得力があったのが一つめの前に傾いた姿勢だった。心理学では前のめりに座る姿勢は、相手に興味を持っているサインと考えられる。面白そうな話を聞く時に、思わず身を前に乗り出した経験はないだろうか。対面した相手は、前に傾いた姿勢から熱意や関心の高さを読み取っているのだ。逆に三つめの後ろに傾いた姿勢は、イスにもたれてふんぞり返っている様に見えて悪印象を与えてしまい、説得もうまくいかないだろう。

実践 心理学が使えるシチュエーション

取引先のBと契約を結びたいA。前傾姿勢で熱意をアピールする

A：B社さんはお得意様ですから、今なら2割引きで対応可能です！

B：それはありがたいな。しかし……

A：（まだ何かが足りないのか……？　もうひと押し、熱意でアピールだ！）

POINT ここぞという時に前のめりになることで、話にメリハリをつける

前傾姿勢を取る

A：精一杯対応させていただきます！　ぜひご検討下さい！

POINT 前かがみだと声がこもりやすいので、いつもより大きな声ではっきりと発音すると○

B：……わかりました、前向きに検討しましょう

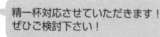

第4章
肩書と噂話で
人はあやつれる

繭子ちゃんに
頼みたい事が
あるんだけど
いいですよ
何？
えっ
そんな簡単に
いいの？
どうして？
もしかしたら
危険な事かも……
……で
何ですの？
あっ
じゃあ場所を
変えて……
ッテリア
レスト
……
で 話って
何ですの？
え～
まず皆さんに
集まってもらった
理由ですが……

皆さんを監獄《プリズン》から助けたいんです
君は関係ないのにどうして？
無関係じゃありません僕は……
僕は魅世堂の会長の息子だからです
えっ‼会長の息子
そ　そうなんですか
さっきの危険って……何なのか気になる――
その話が本当だとしてなぜ今言おうと決めたの？
本当は明かすつもりはなかったんです

あら明かしたほうが後光効果でいろいろ有利ですのに
後光効果…学歴や家柄、会社名など好評価を得られるポジティブな情報が、個人の評価にも良い影響を与える効果。
類似のハロー効果は、ネガティブな面もポジティブな面も、前面に押し出された情報が個人の印象を左右するという効果
だから、それが嫌だったんです
……
肩書で親の七光りでしか見てもらえなくなるのが嫌なんです
ともかく僕が監獄《プリズン》のことを知らされていないのは変なんです
ドン
あそこが何のために存在しどうしてみんなが異動させられているのか突き止めてやめさせたいんです
わかりましたわ

あなたの気持ちが正義感からにせよ愛社精神からにせよ私も一刻も早くあんな場所からは脱出したいから協力いたしますわ
そうね私も脱出したいわ
ところで須田さんはどうして監獄《プリズン》に？
私の場合はクレームがたくさん来てるって身に覚えのない事で
会議室に呼ばれ裁判みたいなのにかけられ監獄《プリズン》行きに……
ちなみにクレーム内容は聞きましたか？
具体的には何も……
あら、私達の時とは違いますわね
起きたらカラオケ店にいて生田さんの怒鳴り声で目が覚めて……

裁判なんて
なかったです
裁判……
監獄《プリズン》行きの
基準もわからない
とにかく
僕達には情報が
足りない……
そこで
繭子ちゃんに
お願いがあるんだ
社長室に潜入して
情報を入手してきて
ほしい！
何らかの
裁判記録とか
不当を証明できる
証拠を……
えっ……
私がそんな
大役を……
社長室がある
4階にいる社員は
1階にいる女性社員のことは
知っている
でも
入ったばかりの
繭子ちゃんなら
顔が割れていない

なぜ社長室かというと
僕の父《会長》と社長は派閥抗争をしていて社長派は役員の過半数を得て、会社の多くの事が会長には知らされていない
浦地支所もおそらくその一つ
対立
秘密があるなら社長室かなと
なるほど
それに社長は用心深く秘書を常勤させていないだから、社長の留守を狙えば……
それを利用して機密情報をゲットって事ね
明日は会長派のひとりの役員が浦地支所に視察に来ます彼に頼んで僕も一緒に行けるようにします
正路クンが監獄《プリズン》に……
本店で僕の欠員を埋めるために、同じ新人の繭子ちゃんに交代要員になってもらおうと思うんだ

ちょっと待って下さい私が本店に行かなくても正路くんが社長室に潜入するほうが……
本店の人が僕を知らないってことはないから難しいんです
そ……そんなぁ～
ガッ
今日は本部から役員の方が視察に来ます。あんた達しっかりやんなさいよ
は はい
キィ

やぁ おはよう
あら小田部長 ご無沙汰してます 希美はそちらで ご迷惑かけてませんか？
生田さんは とても優秀で 現場もしっかり まとめてますよ
今日は小田さんと 同行で見学に うかがいました よろしくお願いします
あら またうちに いらしてくれたの 嬉しいわ
見学とはいえ 実地研修のつもりで います 今日は何でも 言いつけて下さい
あら、いいの？ うちは研修だからって 甘くはないわよ
あ……あのー じゃあ本店の人員 足りてないですよね
私…… 代わりに本店に 行きます
バカね ダメに決まってるでしょ 何言ってるの！

失敗か……
あー……でも　そうね
せっかく　小田部長も
来て下さってるし
いいこと
思いついちゃったわ！
？
あんた
ちょっと……
はい
いい、本店に行って
ちょっと足りない
備品を持ってきてほしいの
それで必ずマネージャーの
生田希美に備品の場所を
聞いて、小田部長が
呼んでいると伝えるのよ
ボン
小田部長がですか⁉
あの子ちょっと
小田さんに気があるの
父として娘の幸せ
願いたいじゃない？
えっ
父って‼
あらやだ……
私ったら……
いい、さっき言ったこと
やるなら本店での
業務していいわよ

ビシッ！
は、はい
それと、絶対に
私が何かしたって
あの子に言っちゃ
嫌よ
はい！
それでは蝶野
本店に行って
まいります
頼むよ
蝶野さん
MI SEI DO
おい！
貴様
ここで何してる
あっ
生田さん
ちょうどよかった

浦地支所で足りない備品があって取って来るようにと
それだけでなぜ本店の制服になっている
お使いとはいえ制服の違う従業員がいると迷惑かと思って……
ウムそうか
あ それと浦地支所に小田部長がいらしてて生田さんに会いたいと……
小田部長が!!
それを早く言え備品は私が届ける。品目は?
これです
ズッ
あっそれと、正路クンも浦地に来ていて本店の人員が足りなく……
制服も着てるしお前が正路の代わりに業務につけ
はい!わかりました
やった成功よ

カリ
マジで こんな作業 毎日やってるんですか パソコンがあれば 一発なのに
予算が ないのよ、ここ
カリ
ハァ
生田くんじゃ ないか…… どうした？
お 小田部長が お呼びだと聞いたので 備品を持ってくる ついでに急いで まいりました
えっ 私が
あ〜ら ありがとう 助かるわ〜
調度よかった 小田部長とお昼でも 食べてきたら
ボソ
所長…… まさか……
やだ 私じゃないわよ 偶然よ、偶然……
貴様……
事情は わからないが お腹も減ったし 昼にしよう、生田くん

まさに飛んできたわね
蝶野さんの言ったこと簡単に鵜呑みにするなんて
これはウィンザー効果を利用したんですわ
ウィンザー効果…一見無関係な第三者から伝えられた情報や噂話のほうが、同じ内容を直接本人から伝えられるよりも本当のように聞こえる効果。
褒め言葉や悪口の効果も倍増する
所長が直接言っても信じないので第三者の蝶野さんを介することで真実味を持たせた
……では行ってくるよ
いってらっしゃ～い
いや～しかしあの表情わかりやすい……生田さんが小田部長にホの字とは……
けど　あの2人の関係少々気になりますね
じゃあ私達もお昼にしましょう
！

ちょっと休憩は
ひとりずつよ
わかってるわよね
！
じゃあ
私から行って
まいりますわ
うん
イタリアンレストラ
パンドラ
こうして
お話するの
久しぶりですね

そうだね 生田くんは随分 立派になった
そんな…… これもすべて 小田部長のご指導の おかげです
ここ最近 浦地支所の人員が 随分増えたようだが 君の采配かね？
はい…… 規律の乱れを 正すために必要な 処置でした
生田くん…… 君はかつて 僕の部下だったね ……
今でも君のことは 大切な部下だと 思っているよ
もったいない お言葉…… 私にとっても部長は 今でも私の上司です
ならば聞こう 君が今やっている この下卑た監獄ごっこは 誰のためなのかな

!!
!
そ……
それは……
君が今も私の
部下だと言うなら
今君がやっていることは
私の意に沿うと
いうのか？
あ……
この責め……
部……
部長……私
あぁ……
誰が君の主に
ふさわしいのか
今一度思い出すんだ
ガタッ
……
……

はふっ
な……何なの一体……この2人……
あれほど屈辱的な言い方されて生田さんのあの表情……
あ……あ
魅世堂銀座本店4F
魅世堂最上階には大会議室と社長室および会長室がある
魅世堂
MI SEI DO
何とか最上階までは来れたわ
キョロ
あとは社長室へ……

君
そんなところで
どうした？
!!
え……えーと
社長に頼まれて
社長室に……
アワ
アワ
……まったく
社長にも
困ったものだ
ジィーッ
そうだ、ついでに
これも届けて
おいてくれ
ズッ
は……はい
わかりました
やった～　これで
堂々と潜入できるわ
社長室
ガチャ
くっ……
！
ハッ!!

あれが社長?
ザッ
カチャ
カチャ
何だ
カギがかからん
ギュルルル
う……
ああもう
ガマンできん
ギュルルル…
トイレかな……
ここからが本番
落ち着くのよ
タッ
タッ
タッ
?

何 この箱 見るからに 怪しいんだけど
カパッ
まずは 中身を調べてみるか
重要書類
秘
おお〜! これは 書類がいっぱい
重要書類
秘
それも全部 マル秘って ……
?
パカッ
何……このケータイ 今時ガラケー?
それも ロックなし だわ
コン
コン

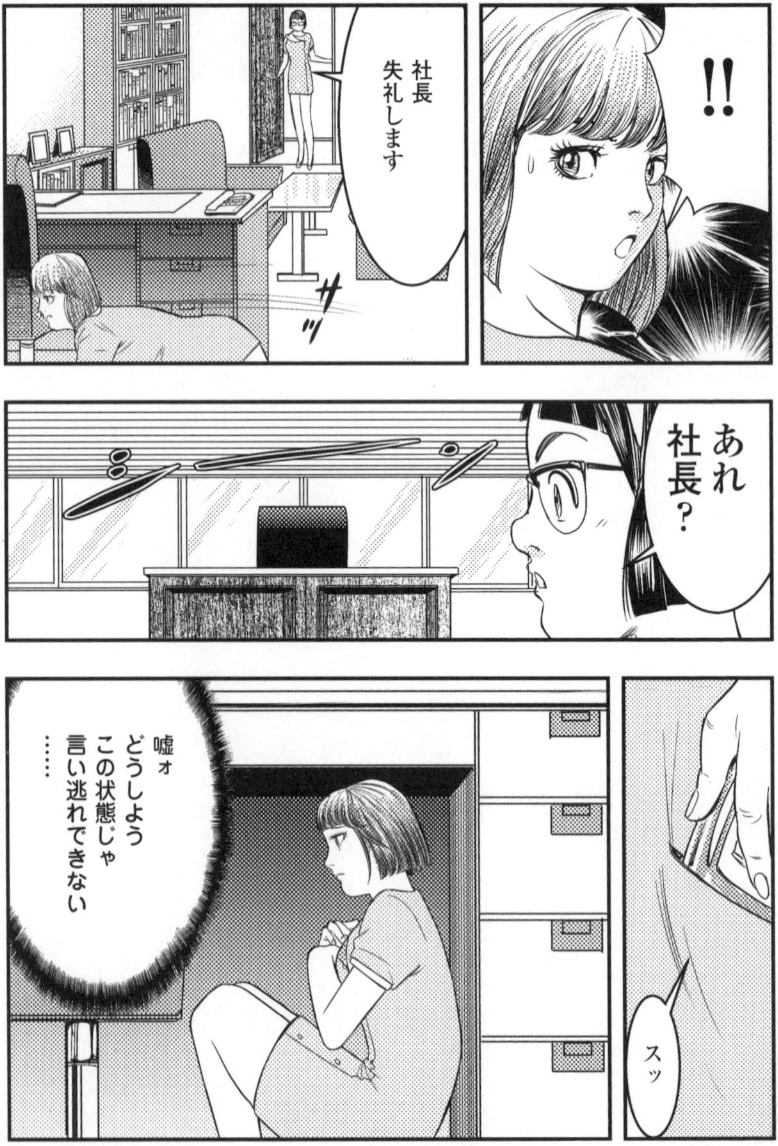
!!
社長
失礼します
サッ
あれ
社長？
スッ
嘘ォ
どうしよう
この状態じゃ
言い逃れできない
……

心理テクニックのおさらい

後光効果

学歴や家柄、会社名などポジティブな情報が個人の評価にも良い影響を与える効果。企業製品のCMに芸能人を起用するのも、芸能人の持つ美しさや高い好感度を製品そのもののイメージとして印象づけることを目的としている。

ハロー効果

一つの事柄が、良くも悪くも印象全体を左右してしまうこと。好印象を抱いている人に対して、一つ悪い癖が目につくとそれまでの印象までもが悪くなってしまう時、「マイナスのハロー効果」が働いていると言える。

ウィンザー効果

一見無関係な第三者から伝えられた情報や噂話のほうが、「多くの人が共有している情報」と考えてしまう心理を利用した効果。直接伝えられるよりも本当のように聞こえ、褒め言葉や悪口の効果も倍増する。

応用テクニック④　後光効果の応用

自我拡張効果

自信が持てない人は、ブランド品を持つことでブランド品の持つ「力」も身に着け、自信を持てるようになる

ターゲット

上司	相手よりも高級な物を身に着けていると嫌味に取られるので、ほどほどに
取引先	腕時計やネクタイなど、こだわりを感じる持ち物を褒めるべし
異性	持ち物をこれ見よがしに持つのは悪印象につながるので、ほどほどに

ポイント

高級品を持つと自信が持てる。相手の高級品を褒めると、好評価につながるので積極的に活用を

自分を信じられない時は物に頼るべし

自分を信じるのは簡単なようでいて案外難しいもの。過去に積み上げてきた実績や手に入れたものが人の「自信」を形づくっている。自信は、これから起こる未知の出来事にも立ち向かう勇気のもとになる。どうしても自分を信じることが難しい人は、「自我拡張効果」を使うことですぐに自信を手

自我拡張＝身に着けるものが自信につながる!?

「自我拡張」という言葉は、自分の持ち物まで自分の延長であると認識すること。自分に自信がないという人でも、簡単に自信が持てる方法がある

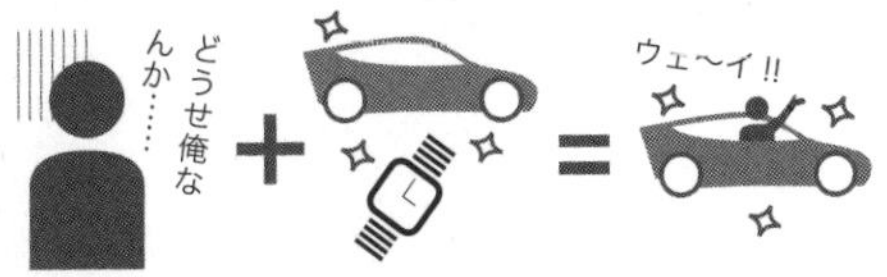

特に理由はないが、何をしても自信が持てない

高価な時計や車などを身のまわりに置くことで、本人にも劇的な変化が

本来自分とは縁のなかった持ち物のおかげで、自信につながる

自信を上げるもの

- 家柄や学歴といった経歴
- 高価な服装や車といった持ち物
- 見栄えのよい容姿など

に入れることができる。

自分の持ち物、たとえば愛用の万年筆や腕時計も自分自身の一部だと考える。これを自我拡張といって、良い物を身に着けることで自分の価値を高めることができる。

高級車や著名な友人は、自分自身の実力とは本来関係のないもの。しかし、それらの持ち物や人とのコネクションも自分の実力のうちにカウントする。顔見知りの有名人を「親友」と呼べば、自分も「すごい」人物だと錯覚することができる。これが自信につながるのだ。

この効果は、自分自身だけでなく他人に対しても使える。取引先の重要人物や、気になる異性の持ち物を褒めるのだ。そうすると、自分の持ち物に愛着を持っている人ほど、「自分の事を褒められた」と考え、褒めてくれたあなたに対して好印象を抱くようになるのだ。

応用テクニック④　ウィンザー効果の応用

気分適合情報処理

人の感情と記憶は深い関わりを持つ。
感情と記憶の関係を知れば、人をあやつることだってできる！

ターゲット

友人	「あの時、あんなことが……」と記憶を共有することで、友情も深まる
同僚	優しい言葉をかけるなら、相手にいいことがあった時がチャンス
異性	喧嘩中に次々と嫌なことを思い出すと、別れ話にも発展するので注意

ポイント

嫌な気分の時には嫌なことばかり思い出すもの、と覚えておけば八つ当たりも防げる！

感情のインプット・アウトプットは記憶と連結している

心理学の分野では、記憶の研究は古くから大きな関心を集めてきた。

２００５年にアメリカ国家科学賞を受賞したゴードン・H・バウアーもまた、人の記憶を研究してきた。

バウアーは情動（感情）と情報（出来事）は一緒くたに脳のなかで記憶として処理さ

ゴードン・H・バウアーの記憶と気分の研究

アメリカの心理学者ゴードン・H・バウアーによると、人の感情と記憶とその場のムードはつながっている

幸福な記憶	嫌な記憶
幸福な気分の時には、ポジティブなことが記憶されやすく、ネガティブなことは記憶されにくい	嫌な気分の時には、ネガティブな物事が思い出として記憶されやすい。いいことがあっても記憶されにくい

おいしい食事を一緒に食べた人の印象まで自然と良くなるように、人の心のなかには「連想ネットワーク」があり、ムードと感情はそこでつながっている。良い体験を共有した人には、ポジティブなイメージを抱くようになる

れ、貯蔵されると仮説を立てた。

情報と情動が一緒に記憶されるということは、幸せな気分の時には、これまでの体験を遡った時にポジティブな記憶を思い出す傾向にあり、逆に不幸な気分の時にはネガティブな出来事ばかり思い出されるということ。もちろん、幸せな気分の時にはポジティブな情報を記憶しやすくなるし、逆もまたしかりだ。

バウアーは、不幸な事があって悲しい気分の人が悲劇的な映画を見た場合、とりわけ悲しい部分だけを無意識のうちに細部まで記憶できる現象を「気分適合情報処理」と呼んだ。

順調な時には、今までもこれからも順調だったような気がするのに対して、嫌なことがあった時に限って、ひっきりなしに嫌な記憶が頭をもたげてくるのは、そうした記憶と感情の働きがあったのだ。

応用テクニック④　後光効果の応用

社会的比較理論

人は、相手の人となりを理解するうえで、肩書を判断材料にする。ランキングもまた、人の判断に影響を与える

ターゲット	
取引先	売れ筋NO.1など、好印象を与えるワードは積極的に活用を
上司	業界○位など、権威をちらつかせると説得力も自然とUPする
異性	デートの際の店選びの参考にランキングを活用すると、話のネタにもなる

ポイント

人は悩んだ時の判断材料としてランキングを参考にすることを覚えておくと○

自分の選択が正しいかどうかランキングで確かめる心理

パンが食べたいと思ってパン屋に入った時、具体的にどのパンが食べたいのか決まっていなかった場合、ズラッと並ぶおいしそうなパンを前に、どれにしようか悩んでしまうだろう。

判断に困った時の指標として役に立つのが、ランキングだ。どれが食べたいのか特

社会的比較理論
＝比較することで自分が正しいと思いたい

誰でも自己評価を正確に把握したいもの。その時、比較対象となるのは自分と似た集団。そのなかで自分がどの位置にいるかを知ることで、自分に見合った振る舞いや選択を行う

比較対象がないと不安

おいしそうなパンが並んでいても、どれもおいしそうだから決められないことがある。どの選択がベストか、評価がうまく機能していない状態

比較対象があると安心

売れ筋ランキングがあると、自分と同じような人が、どの商品を選んでいるか比較できる。自分が選んだパンが上位に来ていれば、安心して購入することができる

に決まっていなければ、他のお客が「おいしい」と思ったであろうものを選んでおこうというのが人情。

「パンが食べたい」とだけ考えて、「何」を食べたいかまでは決まっていないことを「非計画購買」という。そうした非計画購買の客は、なるべく損をしないように商品を選ぶのが特徴的。何となく選んだパンが好みではなかった場合に「損」をするのを避けるために、無難なランキングから買うものを選択しようとするのだ。ランキングのなかから選ぶことで、少なくとも人気商品を選んだという満足感は得ることができるからだ。

同じような集団（ここでは、同じパン屋に入ってきた客）のなかで、自分がどの位置にいるか、比較して正確に立ち位置を知りたくなる欲求を「社会的比較理論」という。

応用テクニック④　ウィンザー効果の応用

間接暗示話法

面と向かって本音を言いづらい時などに
間接暗示話法を使うと、相手を傷つけずに主張できる

ターゲット	
部下	すぐに落ち込む部下には、第三者に伝えることでわからせる
同僚	はっきり言えない間柄なら、遠回しに伝えてみるのも一つの手
異性	間接暗示話法で断られている時には、引き際の見極めが重要

ポイント
間接暗示話法は、さり気なく使って相手の心理に働きかけるのが○

傷つきやすい人の代わりに第三者を叱って注意を促す

仕事を進めるうえで、何人かで構成されたチームになるのはよくあること。チームを指揮する立場であれば、チームの一員がミスをした時に、仕事の質を落とさないためにミスの指摘をし、改善を要求することを避けては通れない。

しかし、なかにはちょっと叱っただけで

間接暗示話法
＝気の弱い部下は直接叱らない

部下Ａ君に対して、「声が小さくて聞こえないぞ！」と叱りたい。
しかし、Ａ君は気が弱く、怒られたことで仕事の能率が落ちてしまうかもしれない……。
無関係のＢ君に対して叱ることによって、Ａ君にも「自分も気をつけよう」と思わせる

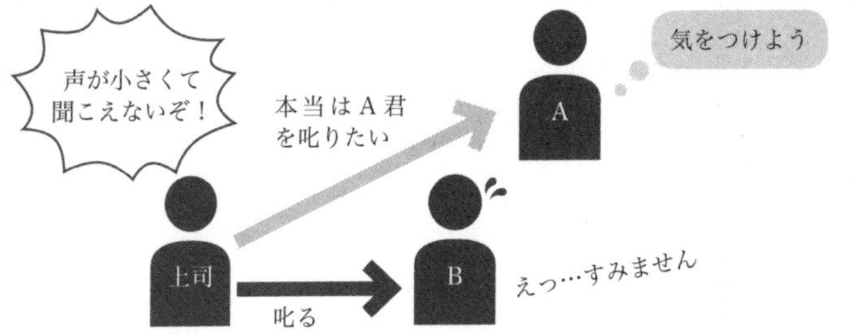

も思い悩み、萎縮してばかりで一向に能力が向上しないどころかいつもよりも仕事の能率が下がる、気の弱い人もいる。

そんな打たれ弱い人物には、本人が見ている場所で、第三者を代わりに叱る「間接暗示話法」が有効。

遅刻が多いAさんを注意するようにと叱りたいが、すぐにヘソを曲げてしまう人物なので取り扱いが難しい。そんな時に、それより遅れてきたBさんを叱るのだ。

それを見たAさんは「遅刻すると叱られる」、「叱られたくないから遅刻はしないようにしよう」と自分で考えて意思決定することができるのだ。Aさんは直接怒られていないので、ヘソを曲げることもない。

ただし、とばっちりを受けたBさんから反感を買うリスクもある方法なので、叱った後のフォローは忘れずに。

傷つきやすい人、繊細な人には間接暗示話法を活用するべし！

はっきり「嫌」と言えない時にも間接暗示話法を使う

一般に、男性と女性の話し方、受け取り方はそれぞれ異なる。男性が直接的な話し方をするのに対して、女性は結論をはっきりと言わない間接的な話し方が多い。

たとえば、女性を休日に食事に誘った時に、「休日は家でのんびりしたいのであまり外出はしないんです」と言われた場合。言葉をそのまま解釈すれば、「外出したくない」と理解できるが、これは間接的に「あなたとはデートしたくない」という女性の意思が遠回しながら含まれているのだ。

断る時に「その日は行けません」「脂っこいのは苦手なので」など、わかりやすくはっきり断る人からすると、遠回しな断り文句は「他のプランなら見込みがあるんだろうか？」と前向きに捉えられてしまうことも。こうしたすれ違いで知らないうちに嫌われてしまうのは避けたいもの。

「○○に行かない？」という直接的な誘いよりも、「最近○○ができたんだってね」など、相手が興味がある場合には「行きましょうよ」と乗ってくることができる、間接的な誘いをしてみてはどうだろうか。

第5章
暗示と揺さぶりで人の心を誘導する

やだ
どうしよう
誰か入ってきた
社長？
カツ
コツ
このままじゃ
見つかっちゃう
鍵もかけないで
不用心だわ。
社長らしくない……
まさか　誰か
別な人間が……
うわ～
どうしよォ
！
あっ　そうだ！
もしものために
正路クンに
言われてたんだ
あの・・
あのケータイに
発信すると……

うまくいって!お願い
ピッ
わははそういう事か、君
!?社長?
やった……
勝手に部屋に入ってたらまずい……
タタッ
あ……あれ?
ははは…
今のうちに脱出
いいこのケータイの着信音は社長の声になってるからもしもの時に使うんだよ
タッ
う……うん

そう言われて侵入前にあの植木鉢に
スッ
よし うまくいった
ダッ
あれ 君、どうした
あっ 社長 こちらでしたか ちょっと ご相談が
やば もうこれ以上は 無理だわ
この 正路クンから 借りたケータイを 回収して……
収穫は 社長のケータイのみか
早く この場を 離れなきゃ
チ・ン

あっ
!!
……城戸さん
ちょっと
あんた
こんなところで
何やってるのよ
生田さんが浦地支所から
戻ってくるまで
上のフロアで
用を済ませたら
売り場に
いるようにと……
ふーん そう
別にあんたなんか
どうでもいいけどね
ははは……
そうですね
カッ
コッ
あっ
生田さん

ポー…ッ
お帰りなさい
浦地への届け物
ありがとう
ございます
後は
私がやる
貴様は戻れ
あ……
あの……
な、何だ
あ？
いえ
何でもないです
か……帰ります
な、何があったの
いつもの
生田さんじゃない
や
やはり、私は……
小田部長の
下僕……
あの方に
抗うなんて
できない！
ポッ

し……しかし
今の私は麗奈様に
忠誠を誓っている身
……ああ、私は一体
どうしたらいいの
カリ
カリ
カリ
カリ
小田部長は
帰られましたけど
正路クンは戻らなくて
大丈夫なの？
この店舗の
残業が多いことを
話したら
改善要求も兼ねて
本店の定時後に
来てくれるそうです

今日は皆さん早く帰れますよ
やった！さすが御曹司！
あっ！ごめん……でどうだったの円香小田部長と生田さん
私達が想像していた色恋からかなりズレてました小田部長に問い詰められた生田さんの表情、あれはまさしく悦楽
上司と部下というより下僕がぴったりくる関係のようですわ
えーっじゃあ生田さん女王様みたいな格好してるけどMってこと？意外だな
えっそうですか？僕は逆にしっくりきますけど
カチン
ぐっ……こいつ……時々、経験豊富そうなこと言うな〜

じゃあ
またいらして下さいね
楽しかったわ
じゃあ
また
ドン
あっ
ただいま
戻りました
あら
お帰り～
グイ
いたっ
ちょっと
来なさい
聞きたいことが
あるのよ
サッ
サ
小田部長は
ポーカーフェイスだから
表情から全然
状況がわからなかったのよ
？

あんたが戻ったって事は希美は本店に戻って様子はどうだったの
……
えーと戻ってきた生田さんは普段と違ってなんか上の空でした
えー何よそれ喜ぶとか悲しむとかどっちなのよあの子ったら
私……仕事あるので
もォ～じれったいんだから
お疲れさま
仕事が終わったら今日の収穫の報告と今後の作戦会議とまいりましょう
わかりました
スッ

スッ
これ
正路クンの
言ったとおりにしたら
うまくいきました
ニコッ
社長室潜入が
成功したのも正路クンの
アドバイスの
おかげです
あれ?
どうしたんだろう
何だか、胸が
苦しい……
い、いや
無事に帰ってこれて
安心したよ
大変だったでしょ
ええ
でも、私ががんばれば
みんなの役に立てて
嬉しいので平気です
カチ
コチ
こんな時間なのに
まだ仕事ですか?
あら
小田部長
ちょうど
店閉まいしようと
思ったところ……
みんな、帰る準備よ

えっ まだ仕事が終わっていませんわ
今日も21時までじゃないんですか?
!
君達はいつもそんな時間まで?
そうなんです 山程お仕事があって終わるまで帰れません
ち……ちょっとやーね、人聞きの悪い
所長 残業が常態化しているようでは、経営者としての手腕が問われますね
本社としても見逃すことはできませんよ
も……申し訳ありません すぐに改めます
あんた達 今日はもう帰りなさい!
では お言葉に甘えて お先に 失礼します
ガタ
ガタ

小田さん 今日は ありがとうございます。 僕のわがままに 付き合わせてしまって すみません
会長には 恩がありますから。 坊ちゃんの頼みは 会長の頼みと同じ事
坊ちゃんは やめて下さい
ところで 小田さんは 今日はもう 帰るんですか?
いえ 社に戻って 報告書を 作成します
やはり清彦さんの 言うとおり、浦地支所は 社長の息がかかっていると 考えて間違いなさそうです
会長に 火の粉が掛かる前に 何を企んでいるのか 突き止めて 潰しておかなくては

そうですか
では、僕らは
今後の方針について
話し合います
はい
あの
小田部長
ありがとうございました
ニコッ
じゃあ、私はこれで
失礼します
小田部長って
怖い人かと思ったけど
優しい人ですね
正路クン
……
ニコッ
だ……誰だって
あんな笑顔くらい
つ……つくれるよ
繭子ちゃん
えっ、なんで僕
こんなにイラッと
してるんだ
さっ
私達も
行きましょう

小田部長
どうやらかなりの
やり手ですわ
生田さんと
話してる時にも
暗示的説得法を
使ってました
暗示的説得法…「○○して下さい」「これがおすすめです」など、直接的な言葉で相手を説得する明示的説得法とは逆に、「○○の品質」「○○することによるメリット」など、相手の得になる情報だけを提示することによって、相手自身が決断したように考えさせる手法
小田さんが
説得？
意外だな
いえ
小田部長は
「生田さんを今でも
部下だと思っている」
という生田さんの
メリットになる情報を
伝えたうえで……
社長を選ぶか
小田部長を選ぶか
「よく考えろ」と
言っただけですわ
選択権は
生田さんに
委ねられている

でも……
生田さんは
小田部長を選ぶと
思いますわ
どうして
そう言い切れるの？
小田部長と
敵対することを
わかったうえで社長側に
ついてるんじゃないの？
どうにも
そうではなさそう
ですわ
カチャ
まだ私達が
知らない何らかの
理由で、生田さんは
社長側についている
しかし、今回の小田部長の
発言によって
社長の側にいては
生田さんの恋は成就しないと
明かされた
つまり
小田部長は
生田さんに
心理的リアクタンスが
発生するよう
差し向けたんですわ
心理的リアクタンス…最後の一つの商品が欲しくなる心理。
（商品を買う）自由が制限され（売り切れ）そうになることで、抵抗（＝リアクタンス）することをいう。
この場合は売り切れそうな商品を自分で買うことで、制限されそうな自由を取り戻すことができる

小田部長は
監獄《プリズン》は社長の
一派が糸を引いていると
思ってるんですよね
ええ
そう思って
間違いないです
あっ
そうだ繭子ちゃん
今日の成果は？
成果になるか
……
これを……
スッ
それって
社長のケータイ
秘
はい
大切にマル秘書類と
一緒に箱に
入ってました
隠しケータイか
まずは
中身を
確認してみましょう

!!
何これ不潔ですわ！
バッ
何なに？何か見つかったの私にも見せてよ
差出人 jwa55a-nao@xx. ne. jp
宛先 城戸 麗奈
麗奈 ♡
9時頃、いつものホテルで会おう
君に会えるのを楽しみにしてるよ
うわっ
これって社長が城戸さんに送った、LOVEメールじゃない？
何か重要な証拠ですか？
立派な不倫の証拠が大量よ
不倫!!

写真フォルダには見るのも恥ずかしいのが大量よ
写真フォルダ……
!!
見て下さいこの新しいメール今日の日付ですよ
待ち合わせも今日……今ならまだホテルに行けば現場を押さえ……
そんな事しなくてもこの写真だけで十分でしょ
あのぉ……不当の証明には役立ちそうですか?
残念ながらこれを提示しても直接的に私達への処置が不当だと、証明する事はできませんわ

ウル…
ウル…
そんなァ～
それ、持ってくるの
大変だったのに～
ただ
藺子ちゃんのおかげで
わかった事もある
それは？
生田さんが
自分よりも
年下の城戸さんに
従っている
理由の一つは
社長と城戸さんの
関係を知ってるからだ
そして
おそらく
生田さんは城戸さんに
従うことで何らかの
メリットを得ている
……という事は
生田さんのお父さんの
所長も？
えっ⁉
生田さんと
所長が……親子
そ……それも
驚きだわ
あっさり言うのね

…………
社長と城戸さんの不倫の証拠だけでは皆さんが監獄《プリズン》に不当に収容されていることを証明することはできません
……
しかしもしも社長が不倫している事が公になれば、マスコミが黙っていない
会社のイメージや評価に大きなダメージを与える事は間違いありません
魅生堂 社長不倫 スクープ
社長の失脚も免れないでしょう
魅生堂 崩壊
今は社長派の人達も身の振り方を考えざるを得ないでしょうね

私達が
手に入れた不倫の証拠は
派閥争いに働きかける
材料になるって訳ね
おお～
蝶野ちゃん
お手柄！
エヘヘ
ありがとう
ございます
皆さんのアドバイスの
おかげです
危険な
賭けだったけど
うまくいってよかった
本当にお疲れさま
うん
さて
有力なカードが
手に入りましたわ
ゲームを進めましょう
さっそく
会長派に
働きかけましょう

心理テクニックのおさらい

暗示的説得法

「○○して下さい」「これがおすすめです」など、直接的な言葉で相手を説得する明示的説得法とは逆に、「○○の品質」「○○することによるメリット」など、相手の得になる情報だけを提示することによって、相手自身が決断したように考えさせる手法。

心理的リアクタンス

最後の一つの商品が欲しくなる心理。（商品を買う）自由が制限され（売り切れ）そうになることで、抵抗（＝リアクタンス）することをいう。この場合は売り切れそうな商品を自分で買うことで、制限されそうな自由を取り戻すことができる。

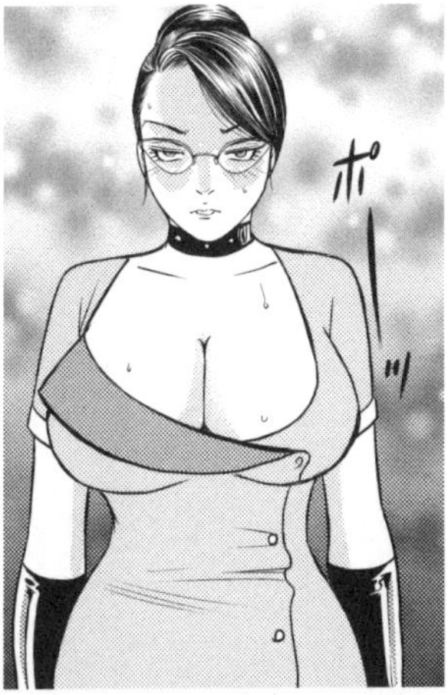

応用テクニック⑤　暗示的説得法の応用

イーブン・ア・ペニー・テクニック

人に頼み事をする時のテクニックは、いろいろある。場面に応じて使い分けられると○

些細なお願いを交渉の取っ掛かりにする

　交渉をする際に、簡単にOKをもらえそうな条件から始めることを「イーブン・ア・ペニー・テクニック」という。直訳すると「1ペニーだけでも」という名のとおり、絶対に断られないような極端に簡単なお願いや小さな頼み事から交渉を開始し、一度承諾させることでその後も断りづらくさせる

ターゲット

上司	多忙な人には、時間を取らせないことをアピールすると聞いてもらえる
取引先	本当に要約して伝えることで、約束を守る奴という好印象を与える
同僚	日頃から仲良くしておけば、断られることはまずないだろう

ポイント

話を聞いてもらえるからといって、ダラダラと説明するのは嘘をついたことになってしまうのでNG

イーブン・ア・ペニー・テクニック
＝小さなお願いでイエスを引き出す

要求が低いほど、引き受けてもらうのは簡単。さらに人は極端に低い要求に対してはそれ以上に応えようとするため、要求以上の働きが期待できる

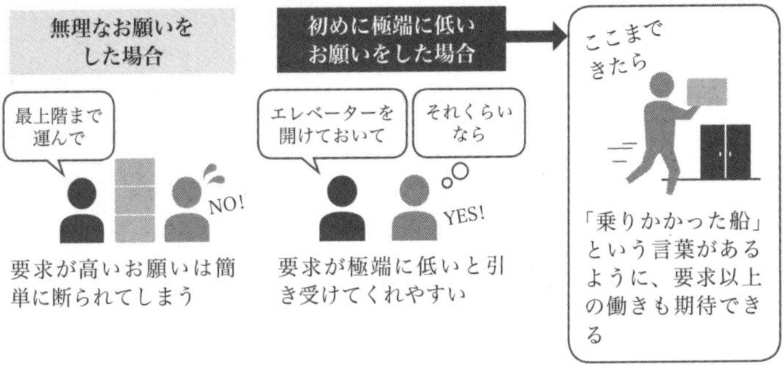
無理なお願いをした場合
最上階まで運んで
NO!
要求が高いお願いは簡単に断られてしまう
初めに極端に低いお願いをした場合
エレベーターを開けておいて
それくらいなら
YES!
要求が極端に低いと引き受けてくれやすい
ここまできたら
「乗りかかった船」という言葉があるように、要求以上の働きも期待できる

「イエスのメンタルセット」とも似ているのが特徴。

ある実験によると、「募金をして下さい」とただ頼むよりも、「1ペニー（少額）だけでも、募金をお願いします」と条件を低く設定したほうが、結果的に多くの募金を得ることができたという。「少額だけなら」と募金に応じてくれた人達も、実際には1ペニーよりも多くのお金を募金していたのだ。初めの動機はどうあれ、一度募金を承諾したことで、期待に応えたいという心理が働き、要求以上の動きをしてくれる結果となったのだ。

このテクニックはビジネスにも応用可能。ただし、「1分だけでも話を聞いて下さい」と頼んで承諾を得たら、なるべく1分でまとめて切り上げるように。そこで、相手が詳細を求めてきたら、脈アリと見ていいだろう。

応用テクニック⑤　暗示的説得法の応用

フット・イン・ザ・ドア

優秀なセールスマンなら、きっかけさえあればしめたもの。フット・イン・ザ・ドアで交渉の場をつくり出す！

ターゲット

取引先	サンプルや資料で「お話だけでも」とチャンスをつくり出そう
部下	ちょっと手伝ってもらいながら、次第に任せる仕事を大きくする
異性	ちょっとランチでも……からステップアップしてデートにこぎつける

ポイント

あくまでも無邪気に「お願い」することで、相手の「断ると悪い」という良心に訴える

最初の小さなお願いを本命のお願いへの足がかりに

「フット・イン・ザ・ドア」とは、凄腕の営業マンのテクニックに由来するともいわれている。一度開かれたドアが閉じられる前に足を差し込んでドアを閉められなくしてしまえば、その後の交渉は勝ったも同然、という意味の言葉だ。

優秀なビジネスパーソンならば、交渉の

フット・イン・ザ・ドア
＝言うことを聞かせ続けるテクニック

人は一度お願いを聞く立場をとると、それを維持しようとする → お願いを断ることで、立場を失ってしまう恐怖心が発生する → 今さら断りにくいと思い、結局断れなくなってしまう

フット・イン・ザ・ドアを応用した方法

- 飲み物を奢ってもらう→食事を奢ってもらう→洋服を買ってもらう
- 寄付をする→徐々に高額になる寄付→知人を協力者として紹介する

きっかけさえつかめれば、商談の成立まで成し遂げたようなものなのだろう。

人は元々、一度始めたことはその後もなんとなく続けてしまう習性を持っている。だから、一度小さな頼み事を受け入れたら、その後の頼み事にも応えてやりたくなるものなのだ。

このテクニックを使いこなすには、まずは相手に小さなお願いを聞いてもらうこと。実際にこのテクニックを用いて顧客を獲得している企業も多く、化粧品会社が無料でサンプルを配布しているのもこれに当たる。

「無料」に惹かれてやってきた客を対象に、アンケートやセールの案内など、徐々に相手の手間や労力を大きくしていくのだ。しかし顧客は、最初にサンプルを貰った、ということから、最終的には商品を購入してしまうのだ。

応用テクニック⑤　心理的リアクタンスの応用

外発反応性

行動を制限されると逆らいたくなるのが心理的リアクタンス。外発反応性では、外部からの情報によって欲望が生まれる

ターゲット

取引先	経済の情勢など、こちらに有利な情報を提供することで、相手の購買欲求を刺激する
異性	クリスマスなど、カップルが多く誕生する季節を利用して、恋人が欲しいと思わせる

ポイント

きっかけは外部からの刺激でも、手に入れることに苦労すると大事にしたくなる

欲求は外からの働きかけで生まれることもある

ダイエットを途中で挫折する原因として挙げられるのが、「誘惑」だ。誰かがおいしそうに食事をしていたり、テレビ番組で食欲をそそるナレーションとともに映像が映し出されると、ダイエットをする、と決めたはずの意志が折れてしまうのだ。

こうした、外からの情報に欲求を左右さ

「外発反応性」と「報酬不全症候群」＝太りやすい理由

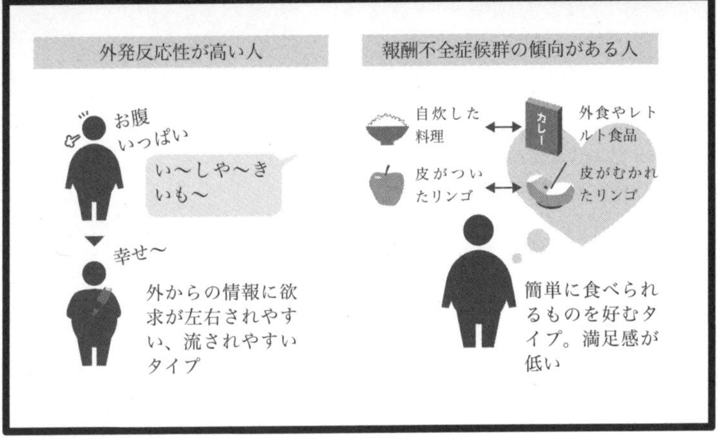
外発反応性が高い人
お腹
いっぱい
い〜しや〜き
いも〜
幸せ〜
外からの情報に欲求が左右されやすい、流されやすいタイプ
報酬不全症候群の傾向がある人
自炊した料理
カレー
外食やレトルト食品
皮がついたリンゴ
皮がむかれたリンゴ
簡単に食べられるものを好むタイプ。満足感が低い

れやすい人のことを、「外発反応性が高い」という。このような人達は、太った外見をしていることが多い。目の前に食事がある時、誘惑に逆らえず、腹八分目以上に「もっと食べたい！」と考えてしまうのだ。

こうした「外発反応性」を持っている人は、食事以外に買い物なども衝動的な欲求に駆られて行ってしまう傾向がある。

こうした人達には、ちょっと魅力的な商品を紹介するだけで、「欲しい！」と思ってもらいやすく、説得も比較的容易。

食欲を我慢できない人は、「報酬不全症候群」に陥っている可能性があり、食べても食べても満足感を得ることができず、次から次へと欲求に任せて新しい物を求めてしまうのだ。自覚のある人は、買い物や食事の際に、手づくりをする、ひと駅歩くなど、手間をかけると、少しでも満足を得られやすくなる。

応用テクニック⑤　心理的リアクタンスの応用

領域への誘導

人は、持っていた物を失うことを恐れるもの。
たとえそれがセールスマンでも、逃げられると追いたくなるのだ

ぐいぐい押すよりも引き際を知っているほうが優秀

家々にアポイントなしで飛び込み営業をかけるセールスマン。対応したものの、セールスとわかった途端に門前払いを受けることもしばしばあるセールスマンは、自然とドアを閉められる前にとガツガツ行くほうが営業成績も優秀なのかと思いきや、実はそうではないのだ。

ターゲット	
取引先	まず初めにこちらに興味を持ってほしい時などに使いたい
部下	人見知りの部下には、あえて一歩引くことで歩み寄ってもらえる
異性	逃げられると追いたくなる心理を利用した駆け引きも時には必要

ポイント

相手の興味を引きたい時には、踏み込みたい気持ちを抑えて一歩下がるべし

領域への誘導＝無意識のうちに相手の警戒心を解く

領域への誘導　よくいわれる、「押されると逃げたくなる」「退かれると追いたくなる」心理を利用することで、相手を自分のペースに巻き込むことができる

話を聞いてほしくてグイグイ押すと、相手は自分のスペースに入り込まれたと感じ、不愉快、逃げたいなどの感情を抱く

話を聞いてほしい時にあえて一歩退くと、「何だろう？」と相手から自分のスペースに踏み込んでくる

自分の話を聞いてほしい時以外にも、トラブルが起きた時に一歩退くことで、全体像が見えてくることも。「一歩退く」行為はいろいろな場面で有効

ドアが開くなり、顔を突っ込むようなセールスマンは、「いりません」と拒絶反応を起こされてしまうことも。

営業成績の良いセールスマンは、ドアが開いても、グイグイ前に出て行くことはしない。むしろ、一歩引いた位置で待っているのだ。家の人が、「何だろう？」と思わず一歩出てきて初めて、商品の話を開始するのだ。

人には、これ以上は他人に踏み込まれたくない、という心理的な縄張りが存在するが、相手が来るのを一歩引いて待つことで、客がこちらのテリトリーに侵入してくるのを待ち受けているのだ。そうすることで、相手の心理的な縄張りを侵すことなく、警戒心を解くことができる。

優秀なセールスマンは、ハンターのように、客が近づいてくるのを誘導しながら待ち受けているのだ。

応用テクニック⑤　暗示的説得法の応用

主張的反応・非主張的反応

何事にも受け身な人は、何を考えているのかわからないもの。断る時にもやんわり主張をすることで、相手に悪い印象を残さない！

ターゲット	
上司	断る時にも、機会を与えてくれた感謝の気持ちを伝えて好印象を与える
同僚	断る理由や、いつなら可能かなど対案も示すことで、信頼度UP
異性	たまたまタイミングが悪かっただけなら、大げさに残念がると○

ポイント

相手を嫌な気持ちにさせないためには、自分の感情をはっきりと表情や口で伝えることが大切

断る時には ちょっとしたコツがある

人との関係において、上下関係はつきもの。自分よりも目上の立場の人から無理難題や、気の乗らない誘いを受けた時に断るには、相手の心証を悪くしないよう、細心の注意が必要だ。きっぱり断っても相手を不快にさせ、無礼な奴だと思われるし、うやむやに断ろうとすると、そもそも断ろう

非主張的反応のリスク

非主張的反応をとりやすい人

性格的特徴
- まじめすぎる
- 相手の意見を尊重し、自分を抑え込んでしまう
- 相手にどう思われているかが常に心配

まわりからの評価
- なんでも仕事を引き受けてくれる便利な人
- 結局間に合わないことも多く、仕事ができない
- 自分の意見を持っていない人

うつになるメカニズム

誰かに頼み事をされると断りきれずに引き受ける → 断らないのをいいことに、次々に雑用を任される → 限界を超えた仕事量をこなし続け、ストレスを抱え込む

としていることにすら気づいてもらえず、なし崩しにされる恐れもある。

断れないからと引き受けてしまっても、結局失敗してしまったら、これまでに築き上げてきた人間関係に亀裂が走ってしまうだろう。

そうならないために必要な、断る時のポイントは「謝罪」「対案を示すこと」「理由を述べること」だ。

特に対案は忘れてしまいがちだが、これを付けないと、誠意がないという印象を与えてしまう。また、理由としては、「社の方針」や「家庭の事情」など、自分ひとりではどうにもできないような外部的なものを挙げると、相手もすんなりと受け入れてくれるだろう。

このように、「断る」ということをソフトな姿勢で伝えることを「主張的反応」という。

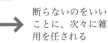

ストレスをためないように 嫌なことはテクニックを使って断ろう

受け身な反応は相手を不安にさせる

相手を傷つけないようにソフトな姿勢を取りつつも、しっかりと断る主張的反応とは異なり、受け身な姿勢で「イエス」か「ノー」かどう思っているのかさえはっきりしないまま、了承してしまうようなことを「非主張的反応」という。断ることで、相手の気持ちを傷つけてしまうのではないか、嫌われるのではないかと極度に恐れるあまり、自分の意見を言えなくなってしまう人は、まじめな人が多く、とても協調性が高いのが特徴。

こういった人は、人からの頼み事に対して「嫌」と言わないことをいいように捉える人から、無茶な要求を受けることも多い。しかし、自分の意見を言わずに周囲に合わせてばかりいる人は、ストレスをためやすい傾向にあり、うつを発症しやすいといわれている。

嫌な仕事でも、ついつい受けてしまっている人は、主張的反応のテクニックを身につけ、相手の機嫌を損ねないように断れるようになると、ストレスを軽減し、うまく人付き合いができるようになるだろう。

第6章
人のやる気を引き出す心理テクニック

レストラン
さて
有力なカードを
手に入れたことですし
ゲームを進めましょうか
ちょっと
待って下さい
その前に会長派を
味方につける必要が
あると思うんです
会長派を
味方につけるって
言っても……
もちろん
簡単な事では
ないですが……
う～ん、でも
その会長派と
社長派は
どういう関係なの？
末端の
私達には
よくわからないよ
そうですね
説明しますと
まず社長派ですが
……

僕の父である前社長を会長の座に追いやった菊池社長を中心に、各セクションの代表者が顔を並べる利己的な集団です
みんな……自分の事しか考えてないんです
社長はどうやってその人達を束ねてますの？
社長は元々人の顔色をうかがうのがうまく、情勢を先読みして立ち回るので敵をつくりません
……　……
それと人の欲に付け入るのがとてもうまい彼はきっと何らかのエサを使って社長派の人達を飼っているんです

会長派も
道を誤ったら
結局は社長派と
同じなのでは？
いいえ
会長への
尊敬はもちろんですが
みんな、第一に会社の
未来の事を
考えています
間違っていたら
会長であっても
進言しますし
会長もそれを
望んでいます
正路クンは
お父さんの事
尊敬してるんですね
ええ
父は僕の自慢であり
目標なんです
なるほど
おおまかな
人間関係はわかったけど
会長派の
どこから
手を付けて……

監獄《プリズン》も社長派のエサの一つですのね？
ええ そうでしょうね
会長派にはどんな人達が？
小田さんをはじめ会長の志に敬服し魅生堂の発展のために尽くしている……というのが僕の印象です
まずは小田部長かしら？もう巻き込んでしまったのも同然ですし……
そうとなれば時間の勝負 これから会えないか連絡してみます
ロッテリア レストラン
Break Fast!

ウィーーン
あっ小田さん
こっちです
こんな夜中に
すみません
サッ
さっき別れた
ばかりの気も
しますけどね
それで急用とは？
これですの
スッ
!?
これは？
そのケータイには
社長の不倫の
証拠が入ってます
どこで入手したかは
聞かないで下さい
パカッ
……
!!

監獄《プリズン》への異動が不当であるという証拠を探していたら見つけました
会長の座を狙って勢力を強めていた社長の目論見もこの証拠で覆せると思いますわ
この証拠使い方によっては大きな武器になりますね
さすが坊……いや清彦さん今から、あの社長どもの下卑た笑顔が醜く歪む様が見えます
裁判をしたら勝てますか？
裁判というのは懲罰委員会の事ですか？
……

勝つ、というのが社長の不正を暴き何らかの処罰を下すということなら間違いなく勝てるでしょうね
あのー懲罰委員会ってなんですか?
社内の公正を期すために設置されている部署です
社内の権力からは独立した中立の立場ですから数では社長派に劣勢の我々でも十分勝機はあります
……でも……
私が監獄《プリズン》送りになった時のあれが懲罰委員会だとしたら公正でも中立でもなかったわよ
証拠も何もかもでっち上げで私を有罪にする事が初めから決まってるみたいだった
それは変ですね

懲罰委員会では必ず複数の第三者をランダムに招いて意見を聴取しますから不正は考えづらい
それにあなたが浦地支所に異動になったという決定内容も出ていません
えっ そんな！
ですから私はあなた方は応援で浦地に派遣されていると認識していましたが
いいえ 私達が異動になったのは裁判と口頭の違いはあれどたしかに辞令として下されたものですわ
役員である私のもとに懲罰委員会での決定事項の連絡が来ていないはずがない
その辞令は誰から受けましたか？
生田さん……
生田希美さんです

生田……か
随分と派手にやってくれてるようだ
もはや慈悲の余地もなしか……
会長派の面々には私から話を通しておきましょう
懲罰委員会の手配もこちらで進めます
小田さん お手数おかけします
じゃぁ 私はひとまずこれで……
懲罰委員会かぁ 私の時みたいにデタラメな証拠挙げられたら不倫の写真が本物でも勝てっこないよ
そうですね 正攻法では勝てないかもしれない

いい加減にしなさい！
よくって？自己成就予言といって人は良くも悪くも思ったものになるの
自己成就予言…何かを期待したり、予想したことを無意識のうちに行動に移してしまい、結果として予言が成就してしまうことをいう。「A型だから几帳面」と言われ続けるといつのまにか几帳面な行動をするようになってしまう、など
自己成就予言？
今のあなた達には前向きな気持ちが足りませんわ
結、正路クンあなた達さっき大きなため息をついた……人はやる気がない時呼吸がゆっくりになるんですのよ
呼吸…心理学者レイヤーが発見した法則。やる気がない時には呼吸がゆっくりになり、やる気がある時は呼吸が浅くなる。素早く呼吸する「スピード呼吸法」によって、やる気を引き出すことができる
まだやる気になれないんですの
……

そんな時は動機付けですわあなた方は志を失っていないでしょ
動機付け…心理学者ハーズバーグが提唱した理論。やる気を構成する要因として、給料や人間関係などの衛生要因と仕事のやりがい、情熱などの動機付け要因の二つがある。
行動したい！ と思える理由を見つけることで、やる気を引き出すことができる
……志
はい！私はあります！
グッ
そうですねあきらめるのはまだ早いですね
前向きになれたところでこれからの事を考えましょう
今私達にできる事から始めるといいと思います
簡単に言うなぁ
で、たとえば？
う～んとたとえば社長派の人を会長派に引き入れるとか
そんな……失敗したらこっちがものすごい不利よ

一つ
間違えたら
こちらの手の内が
見え見えになってしまう
蝶野さんには不向き
ですわ
えぇ〜
君は
よくやってくれてるよ
そんな落ち込まないで
ウル
ウル
ウル
正路クン
……でも
そうですわね……
城戸さんなら
すぐに寝返って
くれるかも……
!
ニヤリ
ち……
ちょっと待って下さい
嫌ですよ僕……
人の気持ちを
見透かして
利用するなんて!
城戸さんの感情など
とうに見え透いて
ましたわ
……
……
??
それに
そのまま会長派が
勝利したら
所長や生田さんはもちろん
城戸さんも最悪懲戒解雇
そうなる前に
手を打ったほうが
良心の呵責は
少なくて済みますわ

う～ん
私は城戸さんが
こっち側につくのは
嫌だけど……
でも城戸さんなら
こちらに有利な情報
持ってるはずでしょ
う～ん
味方にならなかったら
リスク高いのかぁ？
わかりました
僕がやります
城戸さんを
説得してみます
ズ!!!
正路クン
がんばって！
う……
どうせ、どういう
説得か
わかってないだろうね
蝶野さん……
正路クン
頼りに
してますわ
MI SEI DO

昨日の菊リン何だか上の空だったわ……
ねェ菊リンどうかしたの？
い……いや何でもないよ
麗奈にあのケータイを失くしたなんて言ったら心配してしまう
ねェでも何か変よ私に隠し事とかしてるんじゃないの？
いや、そうじゃないんだただ、これから忙しくなりそうでしばらく会えなくなるかもと……
ヘェーそっか……社長も大変なのね
すまない落ち着いたら連絡するよ
うん私ならいつでもいいわよ気にしないで

私達も
そろそろ潮時かな
自然消滅なら
無難よね
城戸さん
！
あ……
あら、正路クン？
な、何かしら？
今晩
お時間いただけ
ませんか？
え？
えーと
コーヒーで
いいかしら？
やだ～何この
展開……
正路クンから
声がかかるなんて
大事な話だし
人に聞かれそうな
場所はまずい……
あ　あの
僕の知ってる
個室レストランがあるので
そこでどうですか？
ええ、もちろん
いいわ……
楽しみにしてる

じゃあ
後ほど
うん
やったわ
幸運が向こうから
舞い込んできた！
……
菊リンとの
関係が離れかけて
こんなに早く次の
相手が向こうから
来てくれるなんて……
私って男が黙って
られない女なのね
……
……
ああ
麗奈様
よかった……
こんな健気な
麗奈様を裏切って
己の恋路に走るなど
……
あ……ああ
でき……ああ

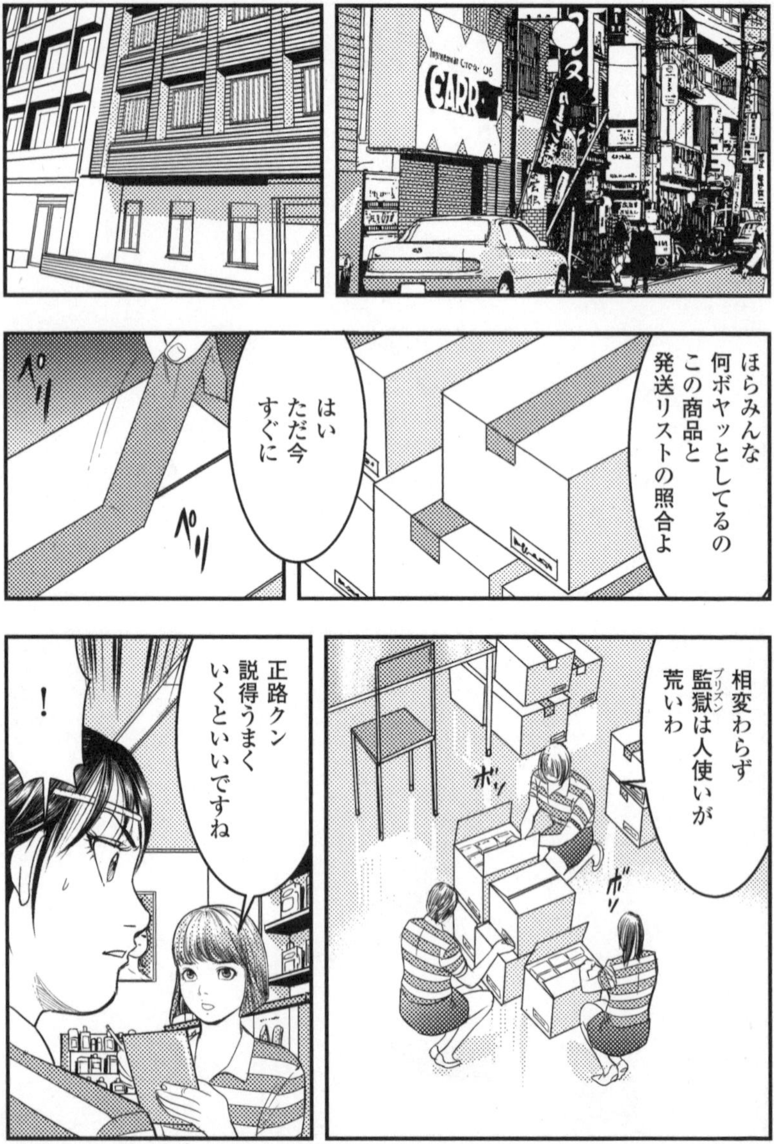
ほらみんな
何ボヤッとしてるの
この商品と
発送リストの照合よ
はい
ただ今
すぐに
ペリ
ペリ
相変わらず
監獄《プリズン》は人使いが
荒いわ
ボッ
ボッ
正路クン
説得うまく
いくといいですね
！

ちょっと誰が聞いてるかわからないからここではその話はナシ！
あ……スミマセン
大丈夫ですわ彼ならきっとうまくやってくれますわ
誰が誰を説得するですって？
！
あ……いえ生田さんの恋応援したくて
そ……そうどうしたらうまくいくかなって
あらその話……
小田部長はたしかに「口説く」より「説得」って感じよね～

上司と部下の堅苦しい関係から抜け出すには2人だけの秘密が有効でしてよ
2人だけの秘密…情報の希少性といって、人は「ここだけの話」や「他の人にはナイショ」の話をされると、相手に好感を持つ性質がある。これを利用して、「私ってこう見えてドMなんです」「みんなにナイショで、この後2次会しませんか？」など、秘密の共有をすることで2人の距離がグッと縮まる
え？ 何それ もっと詳しく教えなさいよ！
それはですね……
ボソ
ボソ
あ〜ら いい事聞いちゃった なるほどね
ポン
希美に教えてあげなくちゃ 本村 あんたの事見なおしたわよ〜
光栄ですわ
ペコリ

ニコッ
なぜか僕は
フランス留学中
「無自覚なゲンズブール」
って言われるくらい
ムダにモテた

僕にとって
忌まわしい過去だけど
みんなのために
あえてこのスキルの
封印を解く
ここの
お料理
おいしいわ
さすがパリ帰りね
いえ
ありがとう
ございます
それで
大事な話って
何かしら
僕……
もっと城戸さんの事
知りたいんです
えっ!!
何……何……何
どうなってるの、これ
夢じゃないのォ

心理テクニックのおさらい

自己成就予言

何かを期待したり、予想したことを無意識のうちに行動に移してしまい、結果として予言が成就してしまうことをいう。「A型だから几帳面」と言われ続けるといつのまにか几帳面な行動をするようになってしまう、など。

呼吸

呼吸とやる気の関係を、心理学者レイヤーが発見した。やる気がない時には呼吸がゆっくりになり、やる気がある時は呼吸が浅くなる。素早く呼吸する「スピード呼吸法」によって、やる気を引き出すことができる。

動機付け

心理学者ハーズバーグが提唱した理論。やる気を構成する要因として、給料や人間関係などの衛生要因と仕事のやりがい、情熱などの動機付け要因の二つがある。行動したい！と思える理由を見つけることで、やる気を引き出すことができる。

2人だけの秘密

人は「ここだけの話」や「他の人にはナイショ」の話をされると、相手に好感を持つ性質がある。これを利用して、「私ってこう見えてドＭなんです」「みんなにナイショで、この後２次会しませんか？」など、秘密の共有をすることで２人の距離がグッと縮まる。

応用テクニック⑥　自己成就予言の応用

リンゲルマン効果・ホーソン効果

人はどんな状況でやる気をなくすのか?を明らかにしたのがリンゲルマン効果、その対策となる理論がホーソン効果だ

集団作業ではメンバーが増えるほど手を抜いたりサボる人が出てくる

働くために会社に集まっている社員なのに、まじめに働く人間ばかりではないということは、多くの人が実感しているのではないだろうか。

ドイツの心理学者リンゲルマンの学説によってこの現象が説明されており、「リンゲルマン効果」と呼ばれている。

ターゲット	
同僚	サボり魔でも、褒めることでやる気を引き出すことができる
部下	部下を認めることで、やる気に火をつけて成長を助けることができる
異性	日頃から感謝の気持ちを言葉にすることで、良好な関係を維持できる

ポイント
自信を失って怠けている人にも、期待している、と声をかけて再びやる気にさせる

怠け者の部下には「注目」と「期待」で生産性UP！

リンゲルマン効果

リンゲルマンが提唱した。アリの群れのなかには働きアリに混じって怠けているアリがいるように、人間にも周囲に頼ってばかりで働かない人間が存在する

ホーソン効果

怠け癖のある部下などには、「君はやればできるヤツだ」「君に期待しているよ」など、注目や期待を伝えることでやる気を出させれば、チーム全体の生産性も向上する

周囲に頼ってばかりの人や怠け癖のある人が一定の割合で出てきてしまうことをリンゲルマンは指摘した。チーム全体の士気が一気に下がるのを防ぐために、怠ける人に期待していると伝えることでその気にさせることができる

リンゲルマンは実験で、参加する人数を変えながら綱引きを行った。初めは1人、次に2人、3人と徐々に綱引きに参加する人数を増やしていくと、人数が増えるほどひとりあたりのパフォーマンスが下がり、手を抜く人が出ることがわかったのだ。

つまり、参加する人数が増えると、「自分ががんばらなくても他のメンバーががんばってくれるだろう」「自分ひとりが手を抜いても影響はないだろう」などと考えるようになって手を抜くようになる。

こうした手抜きは「社会的手抜き」「フリーライダー現象」とも呼ばれていますが、別の実験では女性より男性のほうが社会的手抜きをする傾向があるという結果がある。女性は周囲との対人関係を重視する（一緒にサボる）けれども、男性は集団より個人の成果を重視する（ひとりでもサボる）からではないかとも考えられている。

注目されていると思わせて相手から能力を引き出す

ホーソン効果は、経営者ホーソンの工場で発見された。工場労働者達に「期待している」「君が必要だ」など、注目していることを伝えた結果、伝えなかった場合よりも労働者の作業効率が高まったという。

この実験結果は、心理学では治療の際などに医師が患者に「きっと良くなりますよ」「一緒に治しましょう」と声をかけることによって患者が注目されていると感じることで、結果的に病気が治る（治ったような気がする、治ったと嘘の報告をする場合もある）現象としても知られている。プラセボ効果（ただの水でも「よく効く薬ですよ」と言われると本当に体に作用する現象・効果）の一種として知られている。

ホーソン効果が発見された実験は、仕事場の労働環境や設備の充実、人間関係など、どの要素を改善した時にもっとも作業効率が向上するのかを調査するために行われたものだが、結果として、上司から部下、同僚同士での「期待」や「注目」が設備の充実などを上回り、もっとも効果的であることが明らかとなったのだ。

「注目」や「期待」していることを伝えると相手のやる気を引き出すことができる！

実践 心理学が使えるシチュエーション

自分ひとりくらいサボッても問題ないだろう、と考えているBの働き方を改めさせたいA。Bを褒めつつ、期待していることを伝える

B：（給料は安いし、こんな仕事適当でいいや）

A：君はいつも定時に仕事を終えているね、時間管理能力がとても高いようだ

POINT
ここで、「やる気がないのか？」などきつく当たると、かえって頑なになってしまう

B：あ……ありがとうございます

A：君のおかげで、時間内で仕事を終わらせる空気がチームにできつつあるよ

B：そうなんですか

A：ぜひ、今度別件のプロジェクトで君の意見を聞きたいな！　君には期待しているんだよ

B：はい！　よろしくお願いします！

POINT 小さなことをきっかけに褒めて、仕事をやる気になったところで新しい仕事を与えると○

応用テクニック⑥　自己成就予言の応用

セルフイメージの効果

何かを達成する時に、「できる！」と信じることはとても大切。自分や他人を褒めることで、「できる！」と信じる力がつき、実力を底上げする

ターゲット

上司	褒められる機会があまりないため、積極的に賞賛を送ると喜んでもらえるはず
同僚	日頃から褒めておけば、落ち込んでいる時にフォローしてもらえるかも
後輩	たいていは褒めて伸びるタイプと心得て小さな成長でも褒めてあげよう

ポイント

褒めることで、セルフイメージが高まる。落ち込んで自信がない時こそ、自分を褒めてあげよう

自己イメージを高く持つことで輝かしい未来を開く

人は、自分自身とはこういう人間である、という自己認識（セルフイメージ）を持っている。人は日々の行動を決定する時に、「自分ならこうする」というセルフイメージに従っているのだ。

自分に自信を持っている人を「セルフイメージが高い」、自分に自信がない人を「セ

セルフイメージ＝成功するイメージが自分を高める

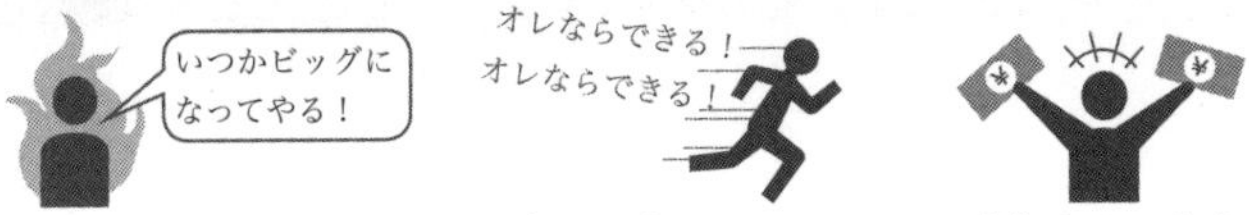

自分はこういう人間なんだと、高い理想を持っている ▶ 自分を褒めることが上手 常に自分を奮い立たせることができる ▶ 妥協することなく成功へとたどりつける

セルフイメージを高める方法
- 些細なことでも自分を褒める習慣をつける
- 「〜しなきゃ」ではなく「〜しよう」と言い方を変える
- 他人とお互いに褒め合う

ルフイメージが低い」という。セルフイメージが高い人は、多少困難なことであっても、「自分ならこうする」という、自らが思い描く自分自身であろうとする向上心を備えているが、セルフイメージが低い人は、「どうせ自分にはできっこない」と考えるため、失敗してもこんなものか、とあきらめるようになってしまう。そこでさらにセルフイメージが低くなってしまうと、負の連鎖に陥ってしまうのだ。

　そうした状況を改善するためには、「褒める」ことが効果的だ。褒めることでセルフイメージを高めることができるのだ。

　自分を褒めるのに抵抗がある場合は、まずは周囲の人を褒めてみよう。人の脳は主語を認識せずに記憶するため、他人への賞賛も、自分への賞賛として記憶されることがあり、結果として自分自身を褒めたのと同じ効果を得ることができるのだ。

実践 心理学が使えるシチュエーション

自分に自信が持てないA。セルフイメージを高めようと思ったが自分自身を褒めるのは抵抗があるので、同僚Bを褒めることにした

A: Bはいつもすごいな。
忙しい時も笑顔だし、後輩達にも慕われてるし

POINT 褒めるのは、整理整頓がうまいとか、遅刻しないなど、どんな些細な事でもOK

B: なんだよ、照れるな〜。
急にどうしたんだよ?

A: 俺、自分に自信が持てないんだよ。
Bみたいになりたいんだけど、うまくいかなくてさ

B: 俺も自分に自信なんてないよ。
それに、AにはAの良さがある。
辛くても弱音をはかないし、同期とも仲良くしようとしてる

A: そんな事考えたこともなかったよ

POINT 1日の終わりに数十分程度、自分の事を見つめなおす時間をつくることで、現在の自分自身の持つセルフイメージがどんなものか確かめることができる

第7章
心の隙間をこじ開ける悪魔的恋愛テクニック

えっ 正路クン 今、何て?
僕 城戸さんの事 もっと知りたいんです
えっ? 私の事?
ち……ちょっと これって告白 じゃないの?
い…… いいわよ 何でも聞いて
ポッ
…… ……
ただ、その前に 話す事が……
僕は城戸さんに 隠してる事が あります
僕に隠し事があると フェアじゃないと 思うので
隠し事? 何かしら

実は僕……会長の息子なんです
えっ そうだったの
う〜んそんなの知ってましたけど……
けどそんな正直なところに惹かれちゃうのよね
本村さんの助言にしたがってこれからが本番だ
いいここからが大事ですわよ
城戸さんが正路クンを拒むとは考えづらいけど
まずは城戸さんの事を知りたいと言って相手の承認欲求を満たしてから、次に正路クンから自分の話をする自己開示効果を狙っていきましょうか
自己開示効果…心理学者シドニー・ジュラードが発表した。ありのままの自分を積極的に開示することで、他者と良好な関係を築くことができる。
僕って○○なんです、と秘密を打ち明けることも効果的

それを踏まえてお聞きしたいんですが城戸さんは社長派ですよね
えっ？……
え、ええ
な……何？急に私と社長の関係も知ってるの？
やっぱり……僕は会長側の人間ですから迷惑になるんじゃないかと
そ……そんな事
今夜もこうして城戸さんを呼び出してしまった事で社長派での城戸さんの立場が悪くなるんじゃないかと……
でも……とどまれなかった……
正路クン……

そんな事関係ないのよ正路クン
立場の違い派閥の諍いなんて私は気にしない
私、正路クンのためなら派閥なんていつでも捨てられるわ
城戸さん
スッ
正路クン
こ……こんなにうまくいくなんて
まるで私達ロミオとジュリエットみたいね
……でも私達はきっとハッピーエンドにしてみせる

O, she doth teach the torches to burn bright! It seems she hangs upon the cheek of night.
えっ？何？
ロミオとジュリエットの劇の中の一節で
夜の闇が深ければ深いほど燃え上がる炎は赤く明るい
まぁそのとおりね
ポッ
もう私……体が熱いわ
でも城戸さん本当にいいんですか？生田さんや相田さんの事とか……
生田に……相田……
ええきっと大丈夫生田さんも相田さんも私についてきてくれると思うの

やだ、でもあの2人とやってきた事を彼が知ったら軽蔑される事ばっかり……
……
エッ？
ガタッ
スッ
えっ何……？
ここからは絶対に聞かれたくなくて
城戸さんが僕についてきてくれるなんて夢のようです
ただ、もしも社長派に敵対することになったとしてそれでも本当にかまいませんか？

かまわないわ
私の気持ち
信じられない？
その言葉
信じます……
それと
もう一つ
物理的な距離を
縮めると
心の距離も
縮まるんですの
パーソナルスペース
心の距離…パーソナルスペースといって、個人の心理的な縄張り。親しい間柄の人ほどお互いの距離が近くなる。相手の半径50cm程度よりも近くにいて嫌がられなければ、気を許されていると考えてよい
パーソナル
スペース……
後、途中でおあずけの
効果は絶大ですから
盛り上がったら退き時よ
途中でおあずけ…心理学者ゼイガルニクが実験によりその効果を明らかにした。途中で中断されたことは、達成されたことよりも記憶に残る。「続きはCMの後で」「この続きはWEBで」など、TV番組を始め連載のマンガなどもこの効果を利用している

城戸さんの事を
知りたいと
言いましたが
急いで傷つけたく
ないんです
正路……
クン……
だから
今日のところは
帰りましょう
え、ええ
そうね……
チュッ
えっ
!!
あっ失礼
フランスでは
ある程度親しくなったら
日常的な挨拶ですから
ああもうダメ……
なんてステキ
なの……

じゃあ 気をつけて 帰って下さい
今日は楽しかった またね、正路クン
では
それにしても 心配だね うまくいってるのかな
正路クンなら きっと 大丈夫ですよ

私も
そう思いますわ
！
あっ
正路クン
お待たせ
いたしました
その様子だと
うまくいった
ようね
ええ
おおむね
成功です
……で　どう
何か情報は
手に入った？
いえ、ひとまず
こちら側につく
という事は確かです
上出来ですわ
それで、どんな
心理テクニックを
使ったんですの？
円香さんに
教わったテクは
ひととおり
ふ～ん
なかなかの
やり手ですわ

ねェねェ そのテク 私にも教えて
えっ！
もォ、蝶野ちゃんは 野暮だな 人をどうやって口説いた なんて言えないでしょ
えっ
ちょっと 須田さん 口説いてなんて いませんよ
そりゃ 誤解させるような 言葉は選び ましたけど……
それって 城戸さんのこと 騙したんですか？
だ 騙してないよ
でも 説得するのに 相手を誤解させる ような事言うのって 卑怯じゃないですか
傷つく人は 最小限に…… これが最善の 策だったんです
でも勝手な都合で 城戸さんの事 傷つけて いいわけないじゃ ないですか
蝶野さん 今の私達の 敵は誰かわかる？
社長派の人達です
そう 城戸さんは社長派

つまり私達にとっては敵ですの
私達が目的を達成するのに敵も味方も誰ひとり傷つかないなんて理想論にすぎませんわ
正路クンは城戸さんを傷つけたくて騙すようなことをしたんじゃありませんわ
円香さん
彼は、私達のために汚れ役を買ってくれたの
罪悪感から初めは断っていたのを覚えていて？
ハッ
綺麗事では僕達の誰も望んだ未来は勝ち取れません
わかってくれますか繭子ちゃん

わ……私
間違ってました
繭子ちゃんの
思った事は正しいよ
僕は
欲しいものを得るために
人を傷つけても
かまわないと思った
これからも
それは仕方ない
ことじゃない。
おかしいと思う
繭子ちゃんで
いてくれ
……
正路クン
ご……
ごめんなさい
ごめん
正路クンが嫌な
役回りを引き受けて
くれたのに……甘えちゃって
いえ

TRRR…
!
小田さん
着信
拒否
あっ小田さんだ
はい　どうも
お疲れさまです
えっ、懲罰委員会の
早急の開催の手はずが
整ったんですか
はい……では
お待ちしています
いよいよ
動き出したようですね
ええ
小田さん
少し詳しく
聞かせて下さい
ええ
例の監獄《プリズン》の
件ですが……

やはり懲罰委員会開催の記録はありませんでした
ズゥッ
つまりあなた方の処罰は会社によるものではなく私刑によるものです
……
ゴクッ
これによってあなた方が監獄《プリズン》で働いている事自体が不正の証明とも言える訳です
……
あれ？それだともしかして懲罰委員会にこの事を訴えれば
私達すぐに本店に戻れるんじゃないですか？

いや、その選択肢はベストではないですね
？
あの所長の事だ裁判や辞令の事はすべて闇に葬って応援だと言い張るでしょう
社長の圧力もあるだろうしそうなったら結局うやむやになってしまう
あなた方は本店に戻れても今後も同じ犠牲者が出るのを防げない
そんなボヤをもみ消すみたいに終わらせたくありませんわね
……

やはり社長の不倫や背任を問いただし
社長とその一派にしかるべき罰が下されるのが私達にとっても社にとってもベストだと思いますわ
僕もそう思います
そのためにも手を打ったんだもんね
……
一連の事柄に関与していると思われる城戸さんにはこちら側につくよう根回し済みです
生田さん相田さんに関しては城戸さんから手を回してもらいます
ウム……

それによって生田所長や社長の立場は危うくなるはずです
さすが清彦坊ちゃん惚れ惚れする手腕ですね
立派になられて……坊ちゃんの成長を会長もさぞお喜びになる事でしょう
いやぁ今は父さんと顔を合わせたくないですけどね
ともかく懲罰委員会の事もう少し詳しく
はいまず日程ですが来週の月曜に決まりました
来週の月曜……

すでに関係者への通達が行ってます
やはり 証拠の写真が功を奏したのか……
事前調査よりも直接参考人からの聞き取りが有効と判断されたのでしょう動きが速い
思ったより速いですね
明日はもう土曜……すぐに準備に取りかからないと
ええ
清彦坊ちゃんは城戸を
社長達はこちらで対処します

よろしく
お願いします
ズッ
ええ　では私は
これで
きっと
うまくいきますよ
……で
私達にはこれから
何ができますか
正路クンを
巻き込んでしまったのに
こんなに動いてもらって
申し訳ないわ
いえ
いいんですよ
そんな……
でも……

土日は3人ともゆっくり休んで下さい
月曜は本店の売り場に始業の1時間前に集合しましょう
ええ～1時間も早く来てどうするの？
…………
すべてがうまくいくよう最後の仕上げをします
ニヤリ

心理テクニックのおさらい

自己開示効果

心理学者シドニー・ジュラードが発表した。ありのままの自分を積極的に打ち明ける（自己開示）ことで、他者と良好な関係を築くことができる効果。「僕って○○なんです」、と秘密を打ち明けることも効果的。

心の距離

個人の心理的な縄張り。人にはそれぞれ、ストレスを感じない距離感があり、親密度によってその距離は異なる。親しい間柄の人ほどお互いの距離が近くなる。相手の半径 50cm 程度よりも近くにいて嫌がられなければ、気を許されていると考えてよい。

途中でおあずけ

心理学者ゼイガルニクが実験により明らかにした。達成されたことがすみやかに忘れられるのに対して、途中で中断されたことは達成されたことよりも記憶に残る。「続きは CM の後で」なども この効果を利用している。

応用テクニック⑦　自己開示効果の応用

アサーション

自分の主張を伝えるためには、ただ押すだけではダメ。まずは相手の意見を尊重したうえで、自分の要求を伝えるようにしよう

こちらの言い分を伝えるには言い方が重要

コミュニケーションには様々な形態があって、攻撃的なものや作為的なもの、自分の主張をせずに受け身でいる場合もある。これらは、他人と自分との間の「境界」への認識がそれぞれ異なっていて、攻撃的なコミュニケーションは、他人の境界を大切にせず、時折相手を傷つけることがある。

ターゲット

上司	間違っていると思っても、相手の意見に理解する姿勢を示すことが大切
取引先	無茶な要求を言われても、怒りが表情に出るのはグッとこらえること
後輩	相手が下の立場でも、相手の立場で受け入れやすい言葉を選ぼう

ポイント

感情に任せるのはNG。相手を尊重したうえで自己主張することで、受け入れられやすくなる

アサーションで部下を変える

相手を尊重したうえで自分の主張を行う方法を「アサーション」と呼ぶ。主語を「私は」に変えてみることで、相手のことを思っていると伝えられる手法

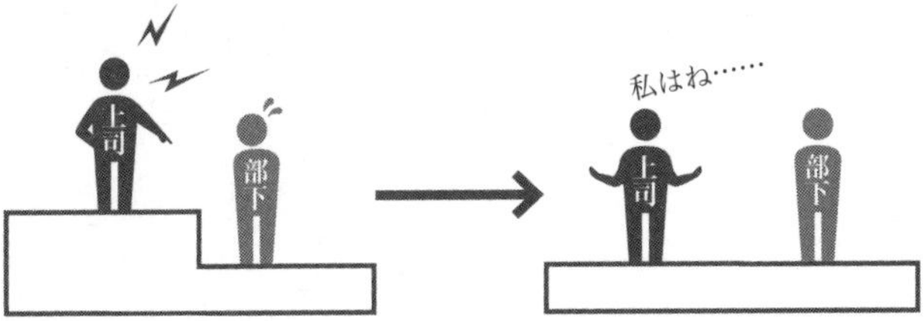

上司という立場上、どうしても上からの押しつけになってしまい反発心を招く

あくまで自分の身に置き換えることで、相手を尊重したフラットな関係で意見を伝えることができる

それに対して受け身的なコミュニケーションは、自分の境界に他人が進入するのを拒もうとしないので、攻撃を受けたり人に利用されたりするのだ。

アサーションはそのどれにも当てはまらない自己主張のことをいう。

アサーションは「適切な自己主張」ともいわれ、相手を尊重したうえで自分の主張を伝える。他人の境界に踏み込んだり、無理やり相手の意見を変えさせようとはしないのも特徴的。

「お前は挨拶もできんのか」と言いたい時に、アサーションを使って相手を説得しようとした場合には、「私は、挨拶は大事だと思っているよ。人との関係を円滑にしてくれるからね」と「私」を主語にして伝えるといいだろう。そうすることで、相手を攻撃することなく自分の意見を主張することができるのだ。

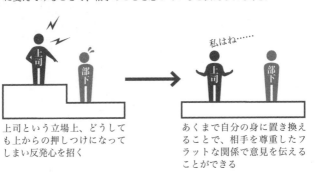

応用テクニック⑦　途中でおあずけの応用

リラックスの効果

途中でやめたことを人は忘れにくいもの。
「忘れてもいい」と言われたことも、同様に記憶に残りやすい

ターゲット

同僚	プレッシャーに弱い人は、肩の力を抜くよう促すことで実力を発揮する
後輩	ミスをして落ち込んでいる時に声をかけてあげると、効率の低下を防げる
異性	あえて「忘れていい」と言うことで、相手の記憶に残る人物になる

ポイント

プレッシャーに弱い人や、落ち込んでいる人に声をかけることで、緊張や罪悪感を解きほぐす

リラックスすると記憶力や作業効率がＵＰする

そそっかしい人というのは、何度「気をつけてくれ」と注意しても同じミスを繰り返したりするもの。

絶対に「失敗できない」場面に限ってミスをしてしまう、「本番に弱い」タイプの人なら、覚えがあるのでは。

こうした時には、「絶対にミスをしてはい

シンバロの実験

大学生に単語を記憶させる実験を行った

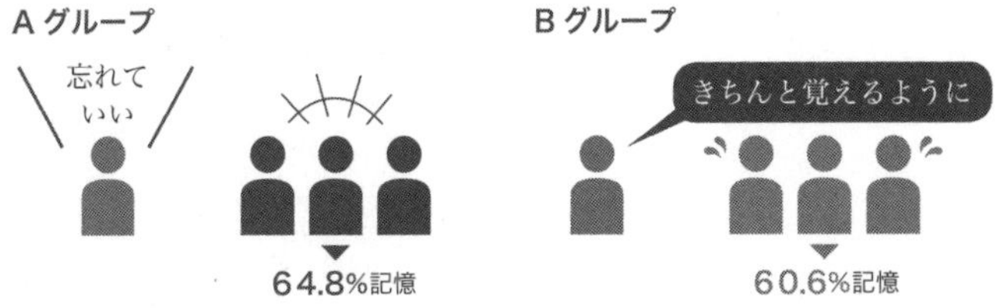
Aグループ
忘れていい
64.8%記憶
Bグループ
きちんと覚えるように
60.6%記憶

「忘れてくれていい」と言ったグループのほうがよく記憶した
＝リラックスすることによって実力を発揮することができる！

けない」と自分にプレッシャーをかけるのをいったんやめて、「失敗してもかまわないから、とにかくやってみよう」と考えを切り替えてみてはどうだろうか。

リラックスして取り組むことの効果を明らかにしたのが、心理学者シンバロの実験だ。実験参加者を2組に分けて、それぞれに「忘れてくれていいから」「きちんと覚えるように」と事前に声をかけたところ、前者のグループのほうが多くの物事を記憶できる結果となったのだ。

ほどよいプレッシャーは作業効率にも記憶力にも好影響を与えるが、「失敗したらもう終わりだ」など、過度のプレッシャーがかかると、首や肩に力が入りすぎてしまい、筋肉が硬直化してしまう。そうすると、記憶能力だけでなく、身体的なパフォーマンスにまで悪影響を与えてしまうのだ。

何事も適度な柔軟性が必要なのだ。

応用テクニック⑦　自己開示効果の類似

言動一致・言動不一致

自分の理解できないものを避けようとするのが人の習性。わかりやすい人は、みんなに愛されるのだ

ターゲット	
上司	嬉しい時には我慢せずに伝えると、相手も喜んでくれる
同僚	わかりやすい人というキャラクターは敵をつくらない
異性	言葉と表情で伝えることで、異性間のギャップを埋める

ポイント
せっかくポジティブな事を言っていても、顔が笑っていなかったら相手には伝わらないと心得よう

表情と言葉が合って初めてこちらの気持ちが伝わる

人と人とのコミュニケーションでは、対面の場合、言葉が大切なのはもちろん、表情も重要な意味を持っている。表情と言葉が合致している「言動一致」に対して、表情が怒っているのに言葉が嬉しそうなど、表情と言葉が合致しない状態を「言動不一致」と呼ぶ。

言動一致＝気持ちと言葉を一致させて好印象に

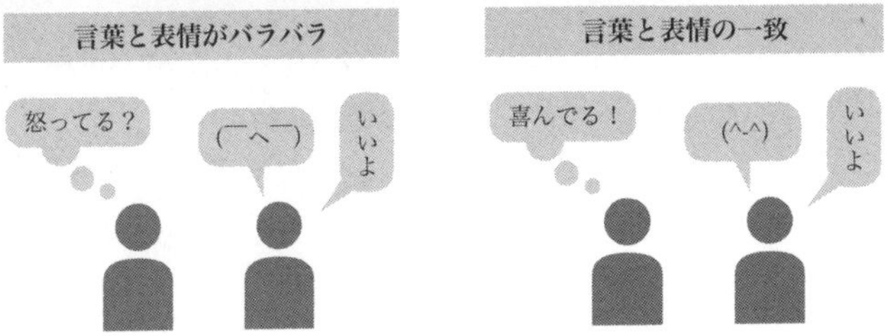
言葉と表情がバラバラ
怒ってる？
(￣へ￣)
いいよ
言葉と表情の一致
喜んでる！
(^-^)
いいよ

言葉では「大丈夫です」「いいできですね」などポジティブなことを言っていても表情が退屈そうだと、受け取る側は「本当はどう思っているんだろう？」と混乱します。ポジティブな感情を伝える時は、表情や声にも気持ちを込めると相手の共感を得られる

もし、仲良くなりたい相手に対して言動不一致な行動を取ってしまった場合、こちらの意図は相手に伝わらなくなってしまうだろう。相手の服を褒めたくて「その服すてきですね」と言った時、表情が緊張からこわばっていたとしたら、相手は「褒められた」とは思わずに「もしかして嫌味？」と、こちらの真意すら疑われてしまうかもしれない。

逆に、相手を怒る時にも、言動不一致ではこちらの思いは伝わらない。「なんでこんなことをしたんだ！」と言葉では怒っているふうでも、声に抑揚がなかったら、怒られた人は「もしかして、そんなに怒っていないのだろうか」と考えるだろう。

言葉と表情がかみ合って初めて、こちらの伝えたい事が相手に伝わるのだ。コミュニケーションの際には、言動一致を心がけるようにしよう。

応用テクニック⑦　心の距離の応用

熟知性の原理

人と人の間の距離は、そのまま心の距離にも当てはまる。相手を知るうちに、お互いの距離も縮まる

接触が多いと好感度も自然と上がる

男女の間に差はあるものの、「魅力的な容姿の人」、「マメな人（面倒見のいい人）」は男女ともにモテる。男性の場合はこれに「経済力のある人」も追加される。

マメな人がモテるのは、心理学的に理由があった。それを説明してくれるのが「熟知性の原理」だ。会う回数が多い相手に対

ターゲット

取引先	こまめに連絡を取り、こちらを必要としているタイミングを見逃さない
友人	ちょっとした食事や飲み会でも、マメに連絡を取ることで好感度UP
異性	ちょっとした用事でもこまめに連絡を取り合う仲になれればチャンス

ポイント

マメすぎると「粘着質」など悪印象を与えるので、自然さとタイミングの見極めは重要

熟知性の原理＝度々会うとつい意識してしまう

頻繁に連絡を取り、会う回数を増やすと、好感度が上がる

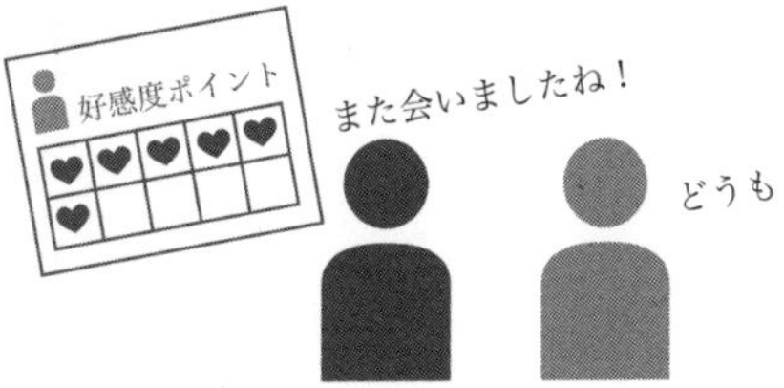

仕事場などでは、毎日のように会うことになるので、恋愛関係に発展しやすいといえます。偶然ばったり会うことが何回か続く場合でも同様

して、好感度が増すことがわかっている。

マメな人は相手と自然にコミュニケーションを取ることができるし、連絡を取り合って人と会う用事も嫌がらずにこなす。

頻繁に会ううちに、顔や経済力などの比較的すぐにわかる魅力ではなく、細かな気配りや言動の端々に表れる思いやりにも目が行くようになり、安心感を抱くとともに頻繁な接触そのものによっても好感度が上がり、やがて好意へと変わるのだ。

かといって、マメであれば何でもいいわけではない。タイミングと相手への思いやりはとても重要で、相手への配慮もなしに頻繁に連絡していては、好感どころか「しつこい人」というレッテルを貼られて嫌われてしまうだろう。

さり気ないマメさはすぐに身につくものではないが、相手への気配りと思いやりを常に持つことが大切だ。

応用テクニック⑦　ゼイガルニク効果の応用

親近効果

中断された物事は印象に残る。最後の場面を印象的に演出することで、より鮮明に印象づけることができる

最後に見た姿は印象深く、記憶に残りやすい

恋人との別れ際に、相手が寂しそうに手を振っていたのがいつまでも忘れられない……。これがもう会えない別れた恋人ならばゼイガルニク効果によるものだが、次のデートもあるのに最後に会った時の表情が忘れられない時には「親近効果」が働いている。

ターゲット	
取引先	謝罪の際など、最後は自信たっぷりに立ち去ることで信頼を得る
友人	途中ですれ違いが会っても、最後に「楽しかった！」と締めくくるとよい
異性	帰り際には笑顔で立ち去ることで、笑顔の印象が深く相手の記憶に残る

ポイント

別れ際だけでなく、最初に対面した時の印象も良くしておくと、確実に好印象を与えられる

親近効果＝最後まで抜かりなく好印象をキープ

興味を持っている対象に対して、最後に見た情報を一番大切なものだと感じる心理作用

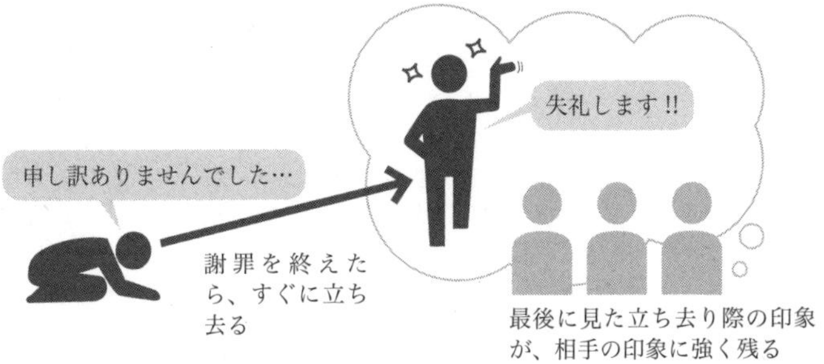

親近効果とは、興味のある対象について最後に見た情報がもっとも印象に残る、という心理作用で、このことから「終末効果」とも呼ばれている。

「終わり良ければすべて良し」という言葉もあるとおり、最後に幸せな気持ちで終わりを迎えることができれば、スッキリと気持ちが良いもの。ハッピーエンドの物語が多いのも、親近効果の影響を生かしていると考えられる。

恋人と楽しいデートを過ごしたのに、別れ際になって友人から電話がかかってきた。ついつい恋人そっちのけで会話に夢中になってしまった……。

そうなったら、膨らんでいた幸せな気持ちも一気に台無しになってしまうことだろう。

最後まで気を抜かず、「今日は楽しかった」と笑顔で締めることが大切だ。

実践 心理学が使えるシチュエーション

Bに謝罪するためにやってきたA。次の取引も決まっているので、何とか遺恨を残さずに切り抜けるため、親近効果を使うことにした

A：この度は、こちらのミスでご迷惑をおかけして申し訳ございませんでした

B：まったく、あんな凡ミスをしてもらっては困りますよ

A：おっしゃるとおりです

POINT 相手が怒っているのをなだめたいからといって、聞かれてもいないのに事情の説明を始めると心象を悪くするので注意！

B：今後、このようなことのないよう気をつけて下さいね。次の取引では頼みますよ

A：ありがとうございます！全力で取り組みます！

Aが立ち去った後

B：しかし、きちんとした謝罪だったなぁ

第8章
より良い関係には
お互いの違いを
受け入れること

レストラン
力を合わせて社長派を見返してやりましょう
それでは月曜日に……
皆さん1時間前に集合ですよ
寝坊しないように気をつけまース
何だか燃えてきた!じゃあ月曜日に
それじゃゆっくり休んで下さい
おやすみなさい
よし……
グッ

その頃生田の部屋では
!
生田希美
大事な話がある
君に話がある
明日、土曜正午に
いつものコーヒ
ショップで待
こ……これは
もしかして
デートのお誘い？
いや、待てよ……
先日の小田部長の
冷静な顔
あれは怒り
ワナではないのか？
し……しかし
私には行かぬなどという
選択肢は……
うう……
ジタ
バタ
ああ
どうしたら
いいの……
バタ
ジタ

どうしたものか……やはりここは慎ましくか……
それともやはり普段着か……
ハッ
私……何を浮かれてるの……
バッ
こ……こんな事麗奈様を裏切る行為でき……ない……
し……しかし……
小田部長のあの冷徹な目で責められ逆らうことなど……
ゾゾゾ
ああ

希美……
あんたさっきから何、
ひとりで悶えてるのよ
キャッ
なっ何、勝手に
入ってきてるのよ
いつの間に
さっきから
ノックしてたわよ
あんた、大丈夫？
……で
何か用？
駅前に
新しくできた
カフェにランチでも、と
思ったんだけど
まさか　その様子だと
小田部長とデートなの
えっ……
いや、それは
どうりで昨夜
うるさかったわけ
がんばってきなさいよ
あっ
そうそう
いい事教えてあげる
小田部長と会ったら
「2人だけの秘密」を
つくるといいらしいわ
2人だけの
秘密？
そうよ
2人だけの秘密♡

「2人だけの秘密」の他には？教えなさいよ
えーと そもそも生田さんと小田部長ってお似合いだと思いますよ
サッ
サ
あら そう？
希美ったら私に似ていい女だから
正反対の性格のカップルは逆に好相性といいますわ
好相性……？
小田部長と生田さんはSとMでちょうどよくお互い釣り合ってると言えますわね
正反対の性格のカップル…相補性の原理といって、人は身長や性格など、自分に似ていない人に惹かれる性質を持つ。お互いに足りないところを補い合える関係は恋愛関係もうまくいくとされる

応援してくれるのは嬉しいんだが
父さんは社長派で小田部長は会長派 私が小田部長を選ぶとはどういう事かわかってるのか？
わかってるわよ
私は私の意思で社長についてる
あんたはあんたで小田部長を選ぶのは自由……
あんたの人生好きに生きるべきよ
と……父さん
ありがとう……
いや～ん父さんはやめてよォ照れるじゃない

急に呼び出してすまないな
いえ……そんな……
……
私は社長派に手を回します
生田さんには接触なさらないんですの？
どういう意味だね？
いえ かつての部下とおっしゃってましたし
小田さんから説得することで生田さんも会長派につけばいろいろ有利かと

うむ……
差し出がましいようですが……
もし生田さんに接触なさるならイエス・イフ法を使うとよろしいかと
イエス・イフ法…「もしも私があなただったら……」と相手の立場になったつもりで話すこと。
そうすることで、相手は親身に自分のことを考えてくれている、という印象を持つ
先日、私は君にどちらにつくか選ぶように伝えた
え……ええ
あの後君達の情報がいろいろ入ってきてね
特に監獄《プリズン》だの裁判だのと……

ゾゾゾゾゾ……
ゾワ…
ゾワ
君はすっかり社長派の犬に成り下がっているようだ
私はコソコソした油虫のようなやり方が大嫌いでね文字どおり虫酸が走る
全力で叩き潰したくなる
この目……このゴミを見る様な目……この目が好き……!
もし、私が君ならあんな汚い仕事はしない自らの魂を貶めるような仕事はな……
ギラッ
君にも、何か事情があるのかもしれないが君さえよければまた私の下へ来ないか
!!
小田部長が私を必要としてくれている

し……しかし 私を必要としてるのは 麗奈様や 所長も同じ……
所長は 私に好きにしろと 言ったが……
私が小田部長に ついたら…… あの店は……
それに 麗奈様もきっと 悲しまれる
ならば 小田部長に 敵対したら？ 所長や麗奈様は 傷つかないし…… 責め苦もある
！ そうだ 私に流れるMの血が 愛情や優しさより 責めを求めてる
申し訳ございません 小田部長…… 裏切ることなど できません
私への忠誠は しょせん口だけか
いいだろう 覚悟して おくんだな
ガタッ

ああ……あの蔑んだ目、射るような眼差し、後悔はない……
そんなにすんなりと事が運んでも面白みに欠けるからな……
もしかして取り返しのつかない事を……
TRRR
はっ 麗奈様
麗奈様
着信
拒否
はい 生田です
ごめんなさいね休日なのに今日、これから時間もらえないかしら
ええ、もちろん今、会社の近くの○×コーヒーにいます
あら ちょうど私も近くよ そっちに行くから待ってて
はい かしこまりました お待ちしています

30分後
麗奈様 それで お話とは？
実はね 私……正路クンから 告白されたの
それは おめでとう ございます
ありがとう 生田さんの 協力のおかげよ
めっそうもない 麗奈様の 魅力です
えっと それでね
私…… 会長派に つこうと思うのよ
！
それで 生田さんにも 私について来て ほしいのよ

クッ……
麗奈様
もう少し早く
話してくれれば
そ……それは
お断りします
麗奈様だけ
会長派についたほうが
好都合かと思います
えっ
どうして……
生田さん……
お忘れですか？
麗奈様と
社長の関係を
もし正路が知ったら
うっ……
ですから私は社長派に
残って麗奈様の秘密を
漏らさぬよう
死守します
そこまでして……
本当にありがとう
生田さん
麗奈様が
私にして下さった
事からすれば
小さな事……
5年前
またお局に
いじめられたの？

いえ
平気ですから
あいつら……
私も邪魔だと
思ってたの
えっ！
大丈夫よ
私にできない事ないの
左遷させましょう
魅生堂
MI SEI DO
すみません
お別れです……
麗奈さん
どうして？
父の薬局が
潰れる事になって……
もう田舎に引っ込む
道しか……
じゃあその薬局
菊リンにお願いして
魅世堂が買い取るわ
そして
そこをすてきな
お店にするのよ
いいアイデアでしょ
麗奈さん……
いえ、麗奈様と
呼ばせて下さい
私、あなたに一生の
忠誠を捧げます
いいの
私達の仲じゃない
麗奈様
私幸せです

チラッ
ごめんなさい
私……
そろそろ
行かなくちゃ
これから
デートなの
ガタッ
スタ
スタ
麗奈様
お気をつけて
月曜日　魅世堂銀座店
始業1時間前
MI SEI DO

皆さん朝早くからお疲れさまです
これから何をするんですか？
初めてお会いした時に言いましたよねパリ仕込みのメイクテクを教えますって
そうでしたわね
やはり**メイクの心理効果**で女性は変わりますからこれから僕が皆さんに化粧をします
メイクの心理効果……メイクは、女性の顔をきれいに見せるだけでなく、心理的にも良い影響を与えることがわかっている。
化粧をすることで、自信が持てる、笑顔が増える、ストレスを感じにくくなる……など様々な効果がある
正路クンが化粧を……

前にも
言いましたけど
これが私の
美しさですわ
う……
う～ん
何か不満でも？
東都歌劇団は
あのメイクで舞台に
立つから
輝けるんであって
僕達が現実という
舞台で輝くためには
ふさわしいメイクが
あるんです
むっ
そ……そこまで
言うなら……
仕方ないですわね
納得して
いただけて
よかった
じゃあまず
結さんから
えっ 私……
ちょっと
照れるわね

では始めます
はい
できました
こ……これが
私？
わァ　須田さん
キレイ
次は
円香さん
よ……
よろしく
どうですか
円香さん
全然
違うわね
パッ

さて、最後は藺子ちゃん
は　はい
きっと今まで以上に変わりますよ
お願いします
できました
す……すごい
パッ
本当に化粧でみんな、印象が違いますわね
印象が大事な事よくわかりました
ほんとみんな、変わったわ
それと服装・姿勢もしっかりとね
ピシッ

あれ？
正路クンは
メイクしないんですか？
僕は
しませんよ
そのままでも
十分ですもんね
じゃあ
行きましょうか
ええ
①②③④
チーン
いよいよ
ですね

おや
皆さん
見違えましたね
……では
早々に
参考人席へ
はい
会議室
それでは
これより
懲罰委員会を
開会いたします

心理テクニックのおさらい

正反対の性格のカップル

人は、性格や育った環境が似ている人を好きになりやすい側面を持っている反面、身長や性格など、自分に似ていない人に惹かれる性質を持つ。お互いに足りないところを補い合える関係は、恋愛でもうまくいくとされる。

イエス・イフ法

「もしも私があなただったら……」と相手の立場になったつもりで話すこと。そうすることで、相手は親身に自分のことを考えてくれている、という印象を持つ。また、「もしAならBしましょう」と事前に決めておくことも手法の一つだが、そうすることで後から不満が出ることを防げる。

メイクの心理効果

メイクは、女性の顔をきれいに見せるだけでなく、心理的にも良い影響を与えることがわかっている。
化粧をすることで、自信が持てる、笑顔が増える、ストレスを感じにくくなる……など様々な効果がある。

応用テクニック⑧　正反対の性格のカップルの応用

ロミオとジュリエット効果

お互いに性格や出自が異なる人同士が惹かれ合うのが相補性の原理。「絶対うまくいかない」と反対されればされるほど、夢中になる

ターゲット	
同僚	意固地になっている時には説得をいったんやめてみるのも一つの手
後輩	反対されて後に引けなくなっている時には、考える時間を与えると○
友人	友人がダメな恋にハマっている時、無理に引き離そうとすると逆効果

ポイント
自分は反対していることを伝えたうえで、判断は相手に任せると良い方向に行きやすい

反対！の声で気持ちが盛り上がる

絶対にうまくいかない……と傍目《はため》にはわかっているのに、本人達は激しく愛し合っている……そういう場合には、たいてい周囲の反対が恋愛のスパイスとして作用している。

こういった、周囲に反対されることでかえって恋心が燃え上がることを「ロミオと

ロミオとジュリエット効果

心理学者ドリスコールが140組のカップルを対象に実験を行い、その結果に基づき情熱的な恋に必要な3要素を「ロミオとジュリエット効果」と名付けた

① 情熱的な恋愛があると信じている
② 恋愛対象となる魅力的な異性が身近にいる
③ 周囲の反対など、恋愛の障害となるものがある

周囲の反対があると恋愛が燃え上がるのは、「心理的リアクタンス」も関係している。これは「ダメ」と言われると欲しくなる心理作用のことで、不倫や略奪愛などもこれに当たる

ジュリエット効果」と呼んでいる。

シェークスピアの恋愛悲劇に由来しており、心理学者のドリスコールが名付けた。ドリスコールが交際中の男女や既婚の夫婦を対象に調査を行ったところ、両親の反対など何らかの障害があったほうが、恋人達の恋愛感情が盛り上がるということがわかったのだ。

なぜ障害や妨害によって恋心が高まってしまうのか？　その答えとして、「興奮」が一つのキーワードとして挙げられる。

両親から強く交際を反対されると、まず強く言われた事自体に気持ちが高ぶり、興奮状態になる。そして、その興奮が恋愛感情としての興奮であると錯覚することで、恋心が燃え上がってしまうのだ。

問題のある異性と交際している人を説得する場合には、まず相手を冷静にさせる必要があると言える。

応用テクニック⑧　正反対の性格のカップルの応用

印象操作

人は、知らず知らずのうちに自分と釣り合う人を好きになる。相手の好みに合わせることで、好印象を得ることができる

ターゲット

取引先
共通の趣味などがあると、それが足がかりになって仲を深めやすい

上司
上司の考え方に賛同しておくと、好印象を与えることができる

異性
相手の好みに合わせると、釣り合っていると思われやすい

ポイント

相手に合わせすぎると、本当の自分を見失ったり、辛い思いをしてしまうので、やりすぎは禁物

相手に親近感を持ってほしい時に有効な印象操作

「相補性の原理」とは対照的に、人は、無意識のうちに自分と似た人を選んでしまう。それは容姿だったり、性格だったり、人によって異なるが、自分と似たような人を選んでしまう傾向があることを「マッチング仮説」では説明している。

最初はあまり似ていなかった人同士で

マッチング仮説＝自分と釣り合う人に惹かれる

多くのカップルは、見た目や経済レベルなど、自分と同程度の相手を好きになる

きれいな人に惹かれるが、結局は自分に釣り合った人を選ぶという心理作用。人は身体的魅力が自分に似た人をパートナーに選ぶ傾向がある

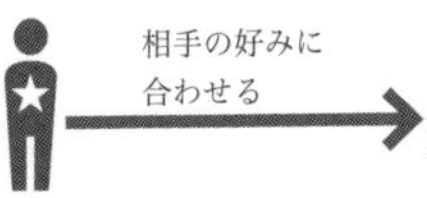

相手の好みに合わせることを「印象操作」といい、自分の好感度を上げることができる。やりすぎると本当の自分とのギャップに苦しむことになるので、ほどほどに

も、「ミラーリング効果」によって、付き合ううちに無意識にお互いの行動や考え方を取り入れていくようになり、そっくりな性格や見た目になってしまう、ということもある。

マッチング仮説によると、一見した限りでは釣り合いが取れていないように見える「美女と野獣」のようなカップルも、性格や経済などの観点から見た場合には釣り合いが取れていたりするものなのだ。

また、相手に「釣り合いが取れている」と思ってほしいがために、相手の好みに沿うように自分の印象を変えることを「印象操作」という。

印象操作には、誰しもが持っている「人に好かれたい（嫌われたくない）」、「好きな人と両思いになりたい」という心理が表れている。が、あまりやりすぎると破綻も早いので、やりすぎは禁物。

実践 心理学が使えるシチュエーション

Bに振り向いてほしいA。Bの好みに近づけることで、好印象を抱かせようと考える

A：Bくんはどんな女の子が好きなの？

POINT 直接聞くのが恥ずかしい場合は、友人に頼むのもアリ

B：そうだなー、ポニーテールの子が好きだな

次の日

A：ポニーテールにしてみたの

B：似合ってるよ

B：もしかして……俺のために!?

第9章
リーダーになるためには「夢」が必要だ

それでは
これより
懲罰委員会を
開会いたします
チラッ

ふム……参考人には麗奈と希美クンの姿はナシか……
……という事は今日の議題には監獄《プリズン》の件は含まれていないようだ
つまり問題なのは社内規定《不倫》くらいか……まぁ それなら十分巻き返せる程度だ
ニヤリ
では……本日の議題だが重大な社内規定違反があったと報告がありその件について処罰内容を決定すべく皆さんに集まってもらった次第です
やはりな
会長ありがとうございます
この事について社長に直接お話をうかがえればと思います
社長何かありますか？
まず 私と女性社員とが不適切な関係にあるという事は事実です
！

妻子ある身でありながら女性社員と恋愛などと不徳のいたすところ
この事が公になったら魅世堂の企業イメージは失墜してしまうでしょう
ペコリ
社長という立場でこのような軽はずみな行動を取ってしまった事は……
社員の皆さんに謝罪しなければならない
誠に申し訳ない
!!
しかし私とて軽薄な気持ちではなく不適切ではあったが彼女を愛しております
グワッ
うわぁ……はっきりと……
会社にも彼女にも迷惑をかけていると知りながらひとりの男として愛する気持ちを止められなかった……

行動は前後しますが
いずれ妻と別れ
彼女と結婚する
つもりでいた
けっ結婚!!
言い訳がましいが
私なりの覚悟のうえでの
行動であり　そのうえで
然るべき処分を
受けようと思います
まあ
こんなもんか……
所詮は不倫
報道されない限り
処罰などたかが
知れてる
内輪で
もみ消したほうが
会社にとっては
得なはず
会長め
こんな事で私の首を
取ったつもりか!
甘いんだよ
詰めが……
チラッ
何だか
思ってたのと
違いますね
ボソ
ボソ
ボソ
聞いてるだけだと
純愛みたいに
聞こえるよ!

おそらく あれが社長の やり方ですわ
社長の やり方？
自分の罪を 素直に認めて 罪の背景を打ち明ける そうして同情を誘い そのうえで処罰を 受けると殊勝な態度
罪の背景を打ち明ける…カチッサー効果といって、頼み事をする時にただお願いするよりも理由を添えてお願いした時の方が成功率が向上する。
社長の場合、「許してほしい」「罪を軽くしてほしい」というお願いを聞いてもらうため、「純愛だったから」と理由を説明していると考えられる
事情を知らない人なら コロッと騙されてしまうのも 無理はありませんわね
今までずっとああ やって情勢を読んで 切り抜けてきたんだ
社長 ありがとうございます
……

先程までのお言葉ですと不適切な関係はあくまでも純粋な愛ゆえであったという解釈でよろしいですか
そうだ相違ない
そうですかでは　こちらの資料をご覧いただけますか
……
パッ
!

こちらは本店勤務のはずの女性社員達です
ここ数日ほど不当に浦地支所で働かされていました
この件に関して参考人も呼んでありますお入り下さい
!?
失礼します
チャリ
ご紹介します本店勤務の城戸麗奈クンと生田希美クンです
こ……これがどうしたというのですか!?

ここで麗奈と希美クンが……どこまでつかんでいるんだ!?
さてこの2人は菊池社長の権力を笠に着て
本店勤務の社員を次々に写真の強制労働施設に送り込んでいました……そうだね
…………
あ あのォ～ この写真うちです浦地支所です
ただ人員が不足していたもので 本店にかけ合って融通してもらっただけで一時的な話です
ほう 一時的な話?
……

委員長 この証言について 別の参考人に 話を聞きたいと 思いますが……
許可する
では須田クン 今の話は 本当かね？
いいえ
所長が 言ってる事は 事実では ありません！
ちょっ 何……
私はこの場所で そこの所長が座っている席の 人達しかいない私的「裁判」に かけられ 浦地支所への 異動を申し渡されました
し……証拠は あるの
それは違いますね
所長、 彼女達の異動が 一時的なものであれ 我々役員の半分以上が 認知していない事が 問題なんです
業務日報

あわっ……
そ その
それは……
その件は
私が独断で行いました
所長には関係ありません
ザワ
ザワ
ザワ
私が本店マネージャー
という立場を利用し
人員の足りていない
浦地支所へ人員を
補充しようと考えました
正規ルートが
難しく 独断の
形に……
フフン私と麗奈の
不倫関係から
監獄《プリズン》の事に言及し
権限の濫用と
会社への背任について
糾弾するつもり
だったんだろうが……

希美クンの供述なら　私の責任は問えまい？
生田さん私をかばおうとして
……でも清彦クンと約束したの……私は会長派につくと……
清彦クンが私に告白してくれた時「隠し事はフェアじゃない」と身分を打ち明けてくれた……
私は彼にふさわしい女になりたい
スッ
!?
生田さんに指示を出したのは私です

ほう
麗奈様
なっ……麗奈!?
私……社長と交際してました。それも会社に入る前からずっと
嘘ォ……
社長との関係で手に入れた権力で生田さんに命令してました
麗奈様……
そっそれは違います社長と不適切な関係に及んだのは私です

な……
何を言っているんだ君達は!!
だいたい証拠は……
菊リン……
スッ
写真ならありますよ
見せましょうか?
!!
私は生田クンの説得に失敗したが清彦坊ちゃんは城戸クンを味方にできたんだな
いえ城戸クン
それは結構です
今のあなたの証言で十分です
それに写真ならこちらでも持ってますので
!?

なんだと……
ま　まさか
紛失した携帯は
……！
フッ
さて話を戻しましょう
社長は不適切な関係にあった
城戸クンに権力の濫用を
許した……
その結果
浦地支所に
不正な人員配置が
なされた
我々の調査では
およそ5年前
社長は強引に
浦地支所の買収を
行っている
これは当時薬局であった
同店の多額の借金を
引き受けるという形で
行われた
その薬局を経営していた生田歩を
所長として雇用しその娘である
魅世堂社員生田希美および愛人の城戸と
共謀し浦地支所を私的左遷先として
運用した　当時の買収計画では
我が社の発展に寄与するだの
華々しい内容が書かれていますが
何の事はない　これが実態だった

これで
この懲罰委員会での
議題すべてを
終えます
社員を
鼓舞し社を束ねる
立場の社長が
私欲に溺れるとは
この件で
私は菊池クンには
社長の座は
ふさわしくないように
思う
会長
あなたはいつも
理想論ばかりだ
いつも
長期的目標は
立派だが結果は？
未来のための必要な
投資も回収できなければ
ただの負債でしかない
理想が何だ！
そんな不確実なものに
何の価値がある
それより現実的な利益を
追求するほうが
はるかに意味があるだろう
それは
違いますわ

人は目標を与えられる事で輝く 大言壮語でも夢を見せてくれる人についていくのが人というもの
目標を与えられることで輝く…アファメーションといって、目標を口にしたり、心のなかで唱えるだけでもやる気を引き出すことができる
夢を見せてくれる人…ホーソン効果といって、怠け癖のある人でも「注目」している、と伝えることで作業効率が上がることを明らかにした研究。夢を語り、「一緒に実現しましょう！」ということで自分の働きに期待されている！ と考えさせることができる。
また、スリーパー効果といって、嘘くさい言葉ほど後々真実味を増すことも明らかになっている
なっ 何を！
目先の利益にこだわらず 大きな目標と理想をかかげ 社員を鼓舞する
こういう人が上に立てば 社員は自ずと力を発揮し 良い仕事につながる
会長のほうが指導者として器が大きいという事です
貴様のような一社員の小娘に何が……

菊池クン
君がそんなふうに
思ってたとは
知らなかったよ
そ
それは……
君は私にとって
いつも優秀な部下だった
君の手腕を評価していたし
ゆくゆくは　世界に通じる
社にしてくれると……
私は
そういう思いで
君に社長の座に
ついてもらったのだが
それが伝わって
いなかったようだ……
……
……
ボン
ボン
それでは
判決を
申し渡します

社員と
不適切な男女の関係を結び、
その者と共謀し
会社の財産を毀損した
社長の背任の罪は重く
会社的にはもちろん
社会的にも
許されるものでは
ない……
よって
社長の地位は
ふさわしくないと判断し
辞任を要求します
次回の
役員会で
決裁に回そう
うぐぐ……
次に
一連の事柄に
関与していた……
生田歩は
組織から外れ
私的利益を追求する
行為に加担した
疑いがあるが……
ゴクリ

主導的立場とは言えず　今回は厳重注意とし
今後　浦地支所の大きな改装を行うのでこれに尽力する事……
は　はい
ホッ
そして生田希美同じく　私的な利益を追求する行為に加担した
！
証拠もあり本人も罪を認めるため降格処分とする
最後に城戸麗奈だが自分の罪を認め自ら不利になる証拠を提出した
……

十分に
反省したことを考慮し
解雇処分のところを……
減給3ヵ月と
厳重注意に
処す
あ……
ありがとう
ございます
ペコリ
麗奈様……
よかった
これで
私達も本社に
復帰できますね
ボソ
ボソ
ええ
皆さん
よくガンバリ
ましたよ

以上……この判決をもちまして懲罰委員会の閉会を……
ちょっと待った!
チラッ
!?
この判決納得いきません
!!

心理テクニックのおさらい

罪の背景を打ち明ける

カチッサー効果といって頼み事をする時にただお願いするよりも理由を添えてお願いした時のほうが成功率が向上する。社長の場合、「許してほしい」「罪を軽くしてほしい」というお願いを聞いてもらうため、「純愛だったから」と理由を説明していると考えられる。

目標を与えられることで輝く

アファメーションといって、「○○になりたい」「△のようにしたい」など、目標を自分自身に言い聞かせることでやる気を高める方法。具体的な目標を口にすることはもちろん、心のなかで唱えるだけでもやる気を引き出すことができる。

夢を見せてくれる人

ホーソン効果といって、怠け癖のある人でも「注目」している、と伝えることで作業効率が上がることを明らかにした研究。夢を語り、「一緒に実現しましょう！」と言うことで自分の働きに期待されている！と考えさせることができる。

スリーパー効果

時間が経つにつれて徐々に効果が表れる心理効果。あなたが「我が社の製品のクオリティーは世界一です」と言ったとして、にわかには信じられないと拒まれたとしても、時間の経過に従って情報源と情報が分離される。その結果、相手の中で情報の説得力がUPするのだ。

応用テクニック⑨　カチッサー効果の応用

欲求理論

理由を述べることで頼み事を受け入れてもらえたように、働く目的を明確にすることでモチベーションもUPする

ターゲット

部下　後輩

それぞれのタイプを把握したうえで、やる気を出させるような言葉をかけてやると仕事へのモチベーションが上がり、効率も上がる

取引先

協力を仰ぎたい時には、欲求を刺激して相手を仕事に駆り立てる

ポイント

仕事で何を一番大切にするかは人によって異なるので、それぞれのタイプの見極めが重要

人を仕事へと駆り立てる動機は三つの欲求だった

人が何のために働いているのかはそれぞれ異なるように、人を仕事へと駆り立てる動機もそれぞれ異なる。アメリカの経営コンサルタント・マクレランドは、「三つの欲求」が人を仕事へと駆り立てる動機となっていることを説明した。

三つの欲求は「力」「達成」「帰属」からな

欲求理論＝仕事のやる気をUPさせる3要素

欲求理論	マクレランドが提唱した、仕事をするうえでの三つの動機。人によって三つの動機のバランスが異なる
力	他者に影響を与えたいという欲求。部下などをコントロールしたがる。競争心も高い
達成	物事を成し遂げたいという欲求。報酬よりも自分自身の成長や目標の達成を重視する
帰属	他者に好かれたい、密接な人間関係を築きたいという欲求。チームワークを重視する

反対に、仕事のやる気を下げる動機

回避	リスクを嫌い、現状維持を望む。高い目標からは逃げようとする。プレッシャーに弱い

り、「力への欲求」は他の人達に影響を与えたい、という衝動。リーダーシップの強い人を仕事に向かわせる動機だ。

次に「達成への欲求」は努力を惜しまず、作業を効率的に行い、問題点があればそれを改善したいという衝動。この欲求により、人はたゆまぬ向上を続け、質の高い仕事を生み出すことができる。

最後は「帰属への欲求」。チームワークを重要視し、良好な人間関係を維持しようとする衝動で、この欲求によって仕事のためのチームワークがつくられる。

これらの三つの欲求は、「誰もが持っている」とマクレランドは述べているが、どれが主導的な欲求になっているかは人によって異なる。

それぞれの動機を見極めて、欲求に合った仕事を割り振ることで、実力を発揮できるようになる。

応用テクニック⑨　カチッサー効果の応用

ピグマリオン効果

理由は、人を動かすうえで有効に利用できる
一方で、相手の努力への賞賛も、人を動かす力を持っているのだ

ターゲット

部下	たとえ結果がイマイチでも、努力したことを褒めて努力を継続させる
友人	友情が厚くなるとともに、自分が壁にぶつかった時にも励ましを得られる
異性	褒めることで、さらに魅力的になったら、こちらとしても嬉しいもの

ポイント

褒められて悪い気はしないもの。努力を褒めると、失敗を恐れずにさらに成長を促すことができる

人を育てるには結果より努力を褒めよう

「褒められて伸びる」という言葉があるように、褒め言葉には人の成長を促す効果がある。人は、褒められることで、「認められた」「期待に応えることができた」と考え、モチベーションが向上し、さらに努力しようと思うものなのだ。

このように、期待をかけられると、それ

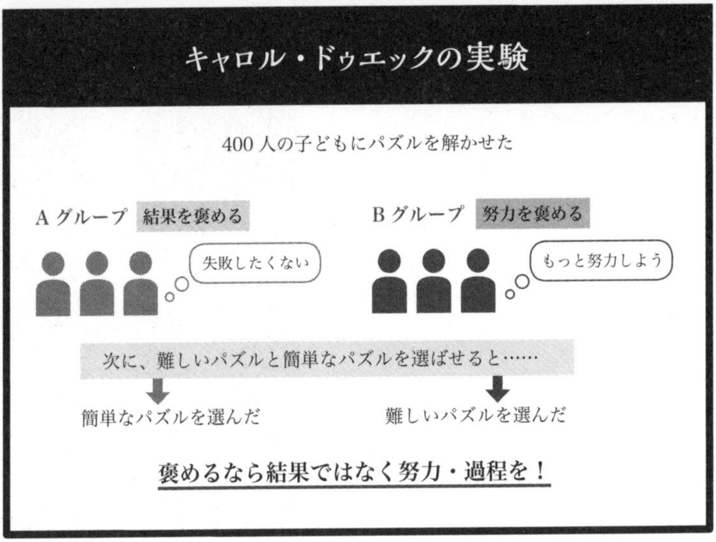
キャロル・ドゥエックの実験
400人の子どもにパズルを解かせた
Aグループ　結果を褒める
失敗したくない
Bグループ　努力を褒める
もっと努力しよう
次に、難しいパズルと簡単なパズルを選ばせると……
簡単なパズルを選んだ
難しいパズルを選んだ
褒めるなら結果ではなく努力・過程を！

に応えたくなる心理を「ピグマリオン効果」という。

心理学者のキャロル・ドゥエックが４００人の子どもを対象にパズルを解かせる実験を行ったところ、パズルを解けたという結果を褒めたグループと、パズルが解けるよう努力したことを褒めたグループでは、努力を褒めたグループのほうが、その続きの実験でより困難なパズルに挑戦しようとしたのだ。

結果を褒めてしまうと、次に失敗した時に失望されてしまうのではないか、と考えて保守的になってしまったのではないかと推測できる。

日常生活を送るうえで、より困難な課題に挑戦しようというモチベーションを持ち続けることは、とても重要なこと。努力を褒められることで、さらに努力をしようとできるのだ。

応用テクニック⑨　カチッサー効果の応用

連想検査法

理由を説明すれば説得力が増す。
一方で、説明もなく話を逸らすのは、何か不都合があると考えられる

ターゲット

同僚	特定の話題を極端に避けるようなら、何か秘密を隠している可能性が
取引先	不自然な点があれば、質問を変えてアプローチしてみると効果的
異性	恥ずかしがっているだけなら問題ないが、嘘をついていないか要注意

ポイント

相手がコンプレックスを隠そうとしているのか、重大な問題をごまかそうとしているのか見極めが大切

バレたくない！　という焦りで行動が不自然になる

過去の辛い記憶は、説明することはもちろん、思い出すことさえ辛いもの。そうした個人的な領域に土足で踏み込まれたと感じた時、人は嫌な話題を避けるため、口を閉ざしてしまう。

説明しなければわからないものだが、説明すらおっくうになってしまうのだ。コン

連想検査法でコンプレックスがわかる

心理学者・ユンクが開発した。相手に何か言葉（刺激語）を投げかけ、それに対する反応を見る

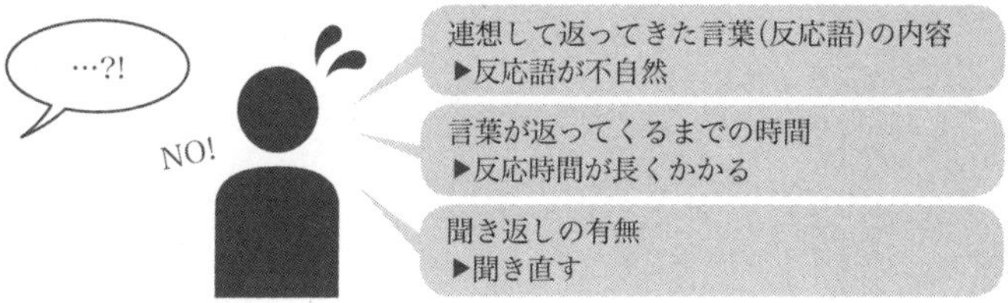

これらの反応があった場合は、刺激語に関連するコンプレックスを持っていると考えることができる

プレックスについても、同様のことがいえる。

コンプレックスとは、心理学で「複雑に絡み合った感情」という意味で使用されており、一般的に使われている「ファザコン」「マザコン」（「劣等感コンプレックス」）などは「コンプレックス」の一種である。

人は、コンプレックスを持っている事柄が話題にのぼると、無意識のうちにその話題を避けようとする。例として「マザコン」を挙げると、日本では「マザコン」の男性の印象が芳しくなく、「自立していない」「母親に溺愛されて育ち、過干渉を受けている」という印象を持たれる。「マザコン」の男性は、自分が世間から高評価を受けないことを知っているので、他人に自分を「マザコン」と思われたくない。そのため、母親の話題を無意識のうちに避けようとすると考えられる。

不自然な反応があれば
コンプレックスの可能性アリ

ユンクの連想検査法は人の深層心理を暴く

ユンクの連想検査法は「分析心理学」の方法で、コンプレックスは人の心理を解き明かすうえで重要な役割を担っているとされた。本人も気づいていないコンプレックスを明らかにするために、連想検査法が用いられたのだ。

検査の方法は、100の項目に対して連想することを答えてもらう、というもの。対面で行われるこの検査では、答えるまでの反応や、かかった時間などを分析することで、コンプレックスを把握するのだ。

たとえば、「ナイフ」という刺激語（キーワード）に対する反応が不自然だったりやたらと遅くなった場合には、「ナイフ」にまつわる事柄に何らかのコンプレックス（ナイフで刺された事がある、など）を持っていると考える事ができる。

同僚や異性など、ある話題の時だけ話を逸らす、挙動が不自然……などの行動が見られたら、それはコンプレックスの表れと考えていいだろう。

コンプレックスに触れられることは、誰しも苦痛なもの。そっとしてあげよう。

第10章
今の自分を
受け入れれば
未来が開けてくる

その判決では納得できません
！
須田クンは何が不服なのですか？
ピシッ
生田さんと城戸さんの判決です
彼女達は自分の罪を認め自分に不利な証言をした。それはわかります
……

ただしそれはあくまでも
社長権限の
不正濫用の件だけ
冤罪をかけて監獄《プリズン》に
送っておいて私への謝罪は
一切ない
これで反省したなんて
私は絶対に
認めません！
……
す……
すまなかった
……
結……
もういいじゃない
判決は出てるのよ
嫌だね
納得いかない
キッ
須田さん
それに本村さんと
蝶野さんも……
あなた達に
してしまった事
どう償っていいか
わからない……
こんなことで許されると
思わないけど……

本当に
ごめんなさい
ザッ!
!
えっ何だよ
それ……
以前の私なら
悪いとも感じなかった
これも……清彦クンの
おかげだわ
私は変われた
結……
わ……
わかったよ
チッ

それなら
償いは要求しない
ただもう二度と
人に無実の罪を
着せないと誓って
誓うわ
コホン
あの、よろしいですか？
では今度こそ
閉会します
……
……
私、清彦クンが
何を考えてるか
わかるわよ
えっ？
あの時
私の事もっと
知りたいって
言ったの
嘘だったんでしょ

い……いや
嘘だったなんて事は
……
いいのよ
隠さなくて
あとね清彦クンが
蝶野さんを
好きな事も知ってるわ
えっ!?
ど、どうして!?
清彦クンの
目を見ていて
わかったわ
城戸さんは
会長派につくと
約束したものの
油断は禁物……
あ、あの
社長とは
こうして
デートしてたんですか?
いいえ

彼とは人目に付かないところで平日にしか会わなかったから
こういうデートはなかったわ
ハッ！
あ……すみません失礼な事聞いてしまって
いいのよ失礼ついでに私も聞いていいかしら
正路クンはどうして本村さん達をあんなに気にかけてたの？
それは……僕は父を尊敬していて父が大きくした魅世堂の事も誇りに思っていたんです
その会社で辛い思いをする人がいるのは嫌ですから
本村さんや蝶野さんに個人的な思い入れはないの？
思い入れなら皆さんにありますよ

本村さんからは人の心理についていろいろ教えてもらいましたし
須田さんからは逆境にも負けない精神を学びました
蝶野さんにはどんな時も笑顔を忘れず、正しい心を持ち続けるしなやかさや人の強さを教わりました
！
何だ……やっぱり……
じゃあ……すべてわかってて何で会長派に？
あなたのまっすぐな目を見ていたら私も人に恥じない生き方がしたくなったから
私ね、さっき小田部長から本店のキャリア職のお誘いをいただいたの
……
……

私と社長との事を知らない部署でやり直せるよう配慮してくれたわ
それは良かったですね
だから私と正路クンはもう、これっきりにしましょ
えっ
そんな顔してくれるなんてちょっと嬉しいな
私ねあなたのおかげでいろいろな嫌なものから解放されたわ
それにここ数日間で一生分のときめきを感じたってくらい楽しかった
感謝の気持ちは本心だし、恨みに思う事もないの……だからこのままの気持ちで区切りをつけたいの
城戸さん

今までありがとう
さようなら
いい女のフリを
するのって
楽じゃないのね
城戸さん
もし
出会うタイミングが
違っていたら
今のこの気持ちに
素直になれたのかも
しれません
小田部長
カチッ

その……ありがとうございました
何の事だね
今日の判決の件 会社に残れる事 感謝しております
私が決めた事ではないからな…… 礼を言われる覚えはない
しかし
!
それより今回の不祥事で君はマネージャーではなくなった
それに伴って人事異動が行われる予定だ……
ギラッ
プ……
監獄《プリズン》……!?

人の話は
最後まで聞け
それに浦地支所は
全面改装という
話になっただろう
以前君を部下だと
思っていると
言っただろう？
は、はい
今回の件
あれは君の管理を
怠った私の責任とも
思っている
？
君が今後
誰が主なのか
誤る事のないよう
私の元で徹底的に再教育
してやるというんだ
！
それを
監獄《プリズン》と呼ぶなら
かまわんがね
ジワッ
ぶ……部長
私……
君は
昔から成長しない
奴だな

あの時……
私と出会った時と
何ら変わっておらん
涙を拭きなさい
スッ
キャッ
どうして
どうしていつも
私がこんな目に
……
うっ
そりゃ私は
Mだけどいじめと
責めは違うんだから
カチャ
ビチャ
ビチャ
こんな姿じゃ
仕事できない
家も近いし
着替えて
来なきゃ……
君
!
何だ
その格好は

そんな格好で社をうろつかれたら不愉快だ……来たまえ制服の予備がある
あ……でも
何をぐずぐずしている
グイ
あっ
う……うう
……でどうして君は濡れていたんだ泣いていたようだし

えっ
あんなに濡れてたのに
どうして泣いてるって
わかっちゃうの……
君は確か
生田クンだろ
は……
はい
どんな事情があるか
知らんが、苦しい時に
無理して笑うのは
無用だから
やめたまえ
怒ったっていいんだ
！
ジワッ
今日はもう
社に戻らなくていい
スッ
そんな
ダメです
これは命令だ
私の言うとおりに
しなさい、いいね
ギクッ
ドキ
ドキ

あの時と同じように小田部長に指導を受けられる
手加減はしない覚悟しておくんだな
はい！よろしくお願いします
会議室
ふ～ 今日はもう帰っていいって言われたけどホント疲れた～
それにやっぱり実感がわかないよ
あらそう？やり遂げたって感じよ
あっ正路クン

どうだった
納得してもらえた？
ええ
こちらの事情は
だいたい察していた
みたいでした
あら
罠と知ってて
会長派に
協力したんですの？
彼女らしくない
殊勝ですわね
まあ あの様子だと
本当に改心した
みたいだったしね？
正路クンやるじゃない
そんな
やめて下さいよ
……で結局
城戸さんと
付き合うの？
！
いいえ
僕が振られちゃい
ましたから
ホッ
チラッ

これにて一件落着ね 私達は同期どうし 水入らずで 語り合いましょうか
そうね
えっ せっかくだから みんなで打ち上げ しましょうよ
今日は 疲れたから みんなでの打ち上げは 別の日にしよう じゃ行こうか 円香
じゃあ お疲れさま お先に……
まさか あの2人……
みんな 帰っちゃいましたね 打ち上げ やりたかったなァ
やろうか 打ち上げ
えっ
2人っきりで 打ち上げ!?
僕はずっと 繭子ちゃんと 2人きりに なりたかった

そ、それは……
私もです
ワー
言っちゃった
モジ
モジ
モジ
じゃあ決まり
居酒屋で
いいかな
あっ 居酒屋だと
飲みすぎちゃうので
他のお店にしましょう
前に
そのままの
繭子ちゃんで
いてほしいって
言ったよね
う……うん
僕はジョッキで
ビールを一気する
繭子ちゃんも
好きだよ
グビ
一気
一気
グビ
グビ
もう一度
言って下さい

好きだよ
スッ
え？
私もです
ギュッ
ハハハ じゃあ 行こうか
うん

MI SEI DO
社長退任後の魅世堂は不倫騒動が表沙汰になる事もなく
会長が社長を兼任する形で役員の人事が刷新された
社長派の役員達の抵抗もなく、抗争は穏やかに収束した
その後魅世堂浦地支所は大規模な改装を経て
明るい印象の店舗に生まれ変わった
うんキレイよ
かつての監獄《プリズン》は消滅した

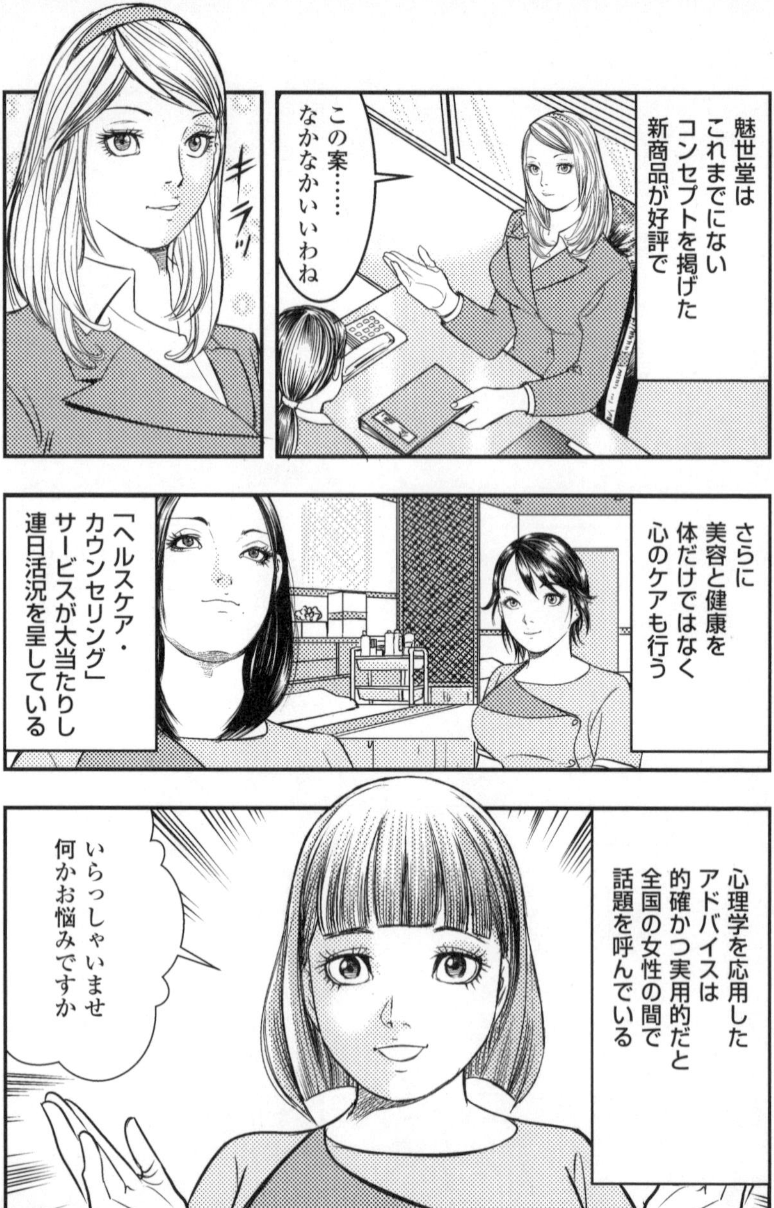

魅世堂は
これまでにない
コンセプトを掲げた
新商品が好評で
この案……
なかなかいいわね
キラッ
さらに
美容と健康を
体だけではなく
心のケアも行う
「ヘルスケア・
カウンセリング」
サービスが大当たりし
連日活況を呈している
心理学を応用した
アドバイスは
的確かつ実用的だと
全国の女性の間で
話題を呼んでいる
いらっしゃいませ
何かお悩みですか

マンガ 悪用禁止!

裏心理学

覚えておきたい心理学

敵意帰属バイアス

いつも何かにそわそわ、イライラしている人。
そういう人には、心理学的な特徴がある

ターゲット

同期	相手の考えを変えるのは無理とあきらめて、放っておくのが一番
上司	相手の怒りも真に受けずに流すようにすると、気が楽になることも
異性	怒りの原因を人のせいにするようなら治らないので、離れたほうが良い

ポイント

なんでもないような些細なことで怒る人は、結局何をしても怒るものとあきらめると気が楽になる

イライラ、攻撃的な人を「タイプA」と呼ぶ

ほんの些細な事でも、気になったら文句を言わずにはいられない人、何が原因かもわからないようなことでいつもイライラしている人……。心理学では、攻撃的な行動に出やすい性格を「タイプA」と呼ぶ。

タイプAの特徴としては「過剰に活動的」「いつも急いでいる」「競争的」「怒りやすい」

敵意帰属バイアス＝人からの行為を悪意と捉える考え方

敵意帰属バイアス 人から何かされた時、相手に敵意がない場合でも好意的に解釈しない、バイアス（歪み）のかかった考え方

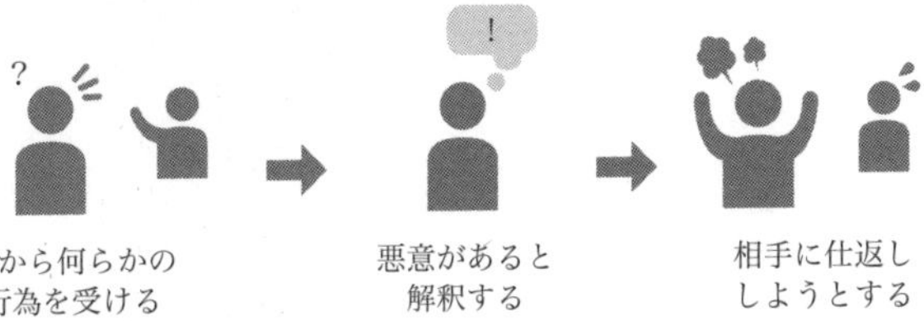
?
!
人から何らかの行為を受ける
悪意があると解釈する
相手に仕返ししようとする

人からされたことを「自分に対する嫌がらせだ」などと決めつけることを「敵意帰属バイアス」という。この考え方をする人は相手に「仕返し」の形で暴力など攻撃を加える

など。反対に、それらの特徴が見られない人物を「タイプB」と呼ぶ。

攻撃的な性格を持っているからといって、実際の行動も攻撃的なのだろうか？ということを明らかにすべく実験を行ったのがアメリカの心理学者エバンスらだ。

アメリカとインドのバス運転手を対象に行った調査では、タイプAとタイプBに分けて事故を起こす回数を調べたところ、攻撃的な性格を持つタイプAの運転手のほうが、タイプBの運転手よりも事故の数が多いということがデータにより明らかになったのだ。インドでもアメリカでも、タイプAの運転手は、他の車に対して攻撃的な運転を繰り返しており、頻繁な追い越し、クラクションなどの行動が確認された。

タイプAの人物は、国や文化とは無関係に攻撃的なので、触らぬ神に祟りなしといえるだろう。

覚えておきたい心理学

左右の表情の使い分け

人の顔は、完全に左右対称ではなく、右と左では印象が異なる。違いをうまく利用すると、様々なシチュエーションで利用できる

ターゲット

上司	右側の表情を見せ、知的な印象を与えて仕事ができるアピールを
同僚	仲良くなりたい時には左側を、ライバルを牽制したい時には右側を利用
異性	左側の表情を見せることで、仕事中とは違う親近感を演出できる

ポイント

右側の表情はシャープに、左側の表情は優しそうに見える。感情の変化は、左に表れやすい

同じ顔でも右と左で表情の印象が異なる

人は、自分で思っている以上に、コミュニケーションの際に対面した相手の表情から多くの情報を読み取っている。

電話で話していた人に、いざ対面してみると、印象が大きく異なっているのも、このせいといえる。

人の顔から読み取れる情報は、実は左右

左側は素の顔、右側はよそ行きの顔

心理学では、人の左右の顔は異なっており、左側は感情、右側は外向的な表情が表れるとされる

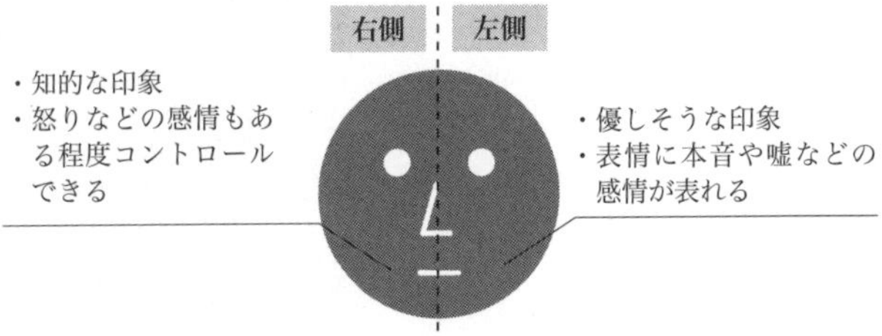
右側
左側
・知的な印象
・怒りなどの感情もある程度コントロールできる
・優しそうな印象
・表情に本音や嘘などの感情が表れる

信頼を勝ち取りたい人、親しくなりたい人に対しては、自分の左側の顔が見えるよう、相手の右側にいるとよい。一方で、優位に立ちたい相手には自分の右側の顔が見えるようにすると効果的

で違っている。これは、人の顔が完全には左右対称ではないことが原因。誰でも、左右の顔つきに多少の違いがあるものなのだ。自分の顔を正面から撮影して、真ん中から半分に折った時、右と左とでは顔つきが異なることに気づくはずだ。

一般的には、右側（自分の右手側）のほうがシャープで知的な印象を与えるため、建前の顔やよそ行きの顔などと呼ばれる。

一方、左側（左手側）の表情は右側の表情に比べて柔らかく、親しみやすい印象を与えるため、本音の顔やプライベートの顔と呼ばれる。また、左側のほうに怒りや悲しみなどの感情が表情として表れやすいといわれている。

ビジネスの場では右側の表情を、プライベートで友人や異性と過ごす際には左側の表情を、と場面に応じて左右の表情を使い分けてみてはいかがだろう。

覚えておきたい心理学

同意効果

自分の意見を主張してばかりでは相手も頑なになってしまう。「ですよね？」と同意を促すと、スムーズに同意を得られやすい

語尾を変えるだけで同意が得やすくなる

ビジネスの場で相手と意見が食い違ってしまった場合、ただ自分の意見や都合を伝えるだけでは不十分だ。相手の顔を立てつつ、自分の提案した意見を受け入れてもらうのが、デキるビジネスマンというもの。交渉を成功させるには、決定権を握れるかどうかで結果が大きく左右される。

ターゲット

同僚	我が強い奴、という悪印象を与えることなく、意見を聞き入れられやすい
後輩	頑固な人には、「だよね？」と言うことで相手の譲歩を引き出せる
異性	相手が優柔不断なら、「いいよね？」と聞くことでスムーズに決められる

ポイント

「ですよね？」という問いかけは、頑固な人にも優柔不断な人にもどちらも有効なので活用したい

同意効果＝語尾で変わる相手の反応

交渉のなかで意見が食い違ってしまった時、自分の意見の伝え方によって相手の反応は大きく異なる

こうしたほうがいいと思います
あ、そう
こうしたほうがよくないですか？
そうでしょうか？
こうしたほうがいいと思うのですが、どうでしょう？
このままがいいです
こうしたほうがいいですよね？
そうですね

語尾の言い回しを「ですよね」に変えるだけで、相手はひとまず同意してしまう。このように言い回しに気をつけるだけで、交渉で決定権を握ることも可能なのだ

会話の決定権を握り、交渉を成功させるためには、自分の意見を伝えながら、交渉の流れを乱すことなく、相手の意見と自分の意見とがすり合わせられるように調節する必要がある。

会話のなかで、相手に親近感を植えつけることができれば、理想的な交渉といえるだろう。

「同意心理」と呼ばれるテクニックを用いることで、それらを可能にすることができる。やり方はいたって簡単で、相手の同意を得たい意見の最後に、「ですよね？」と賛同を求める確認の一言を付け加えるだけ。たったそれだけで、相手に反論の隙を与えず、こちらの意見へと誘導することができる。

友人なら「だろ？」異性なら「でしょ？」など、場面や相手に応じて、多少のアレンジを加えても良い。

実践 心理学が使えるシチュエーション

企画会議に参加しているA。BとCはお互いの案が一番だと一歩も譲らないが、Aも自分の案をどうにか通したい

B：僕の案なら、流行の最先端ですから、メディアの注目も集まりますよ！

C：発売までブームが続いているとは限りませんよね。その点、私の企画は今の流行を踏まえた次に流行る商品です！

B：予想が外れたら台無しじゃないか！

A：まぁまぁ……

A：これ、僕の企画なんです。今売れている商品の改良版がベストですよね？

B：そ……そうかも

C：そ……そうだな……？

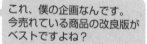

参考文献

『悪用禁止！効きすぎて危ない！裏心理学大全』齊藤勇 監修（宝島社）
『相手の心を読む！透視心理学大全』齊藤勇 監修（宝島社）
『突撃実験！心理学を使って 10 日間で彼氏をつくる！』齊藤勇 監修 ノムラ=ポレポレ著（宝島社）
『悪用禁止！ 悪魔の心理学』齊藤勇 監修（宝島社）
『ひみつの心理学～人の心が思いのままになる』齊藤勇 監修（宝島社）
『悪魔の心理操作術』齊藤勇 監修（宝島社）
『思いのままに人をあやつる心理学大全』齊藤勇 監修（宝島社）
『思いのままに人をあやつるモノの言い方大全』齊藤勇 監修（宝島社）
『心理ゲーム恋愛編』齊藤勇 著（文藝春秋）
『本当は怖い心理学』齊藤勇 監修（イースト・プレス）
『面白くてよくわかる！ 社会心理学』齊藤勇 著（アスペクト）
『人間関係の心理学　図解雑学シリーズ』齊藤勇 著（ナツメ社）
『実験心理学 - なぜ心理学者は人の心がわかるのか？ -』齊藤勇 編著（ナツメ社）
『恋愛心理学　図解雑学シリーズ』齊藤勇 著（ナツメ社）
『心理学大図鑑』キャサリン・コーリン他（三省堂）
『マンガ 思わず試してみたくなる心理学入門』齊藤勇 監修（宝島社）

STAFF
マンガ　摩周子
編集　住友光樹、具志堅さつき（株式会社 G.B.）
表紙・本文デザイン　森田千秋（G.B.Design House）
本文 DTP　徳本育民

齊藤 勇（さいとう いさむ）
立正大学名誉教授。大阪経済大学客員教授。ミンダナオ国際大学客員教授。文学博士。日本ビジネス心理学会会長。主な編・著・監修に『イラストレート人間関係の心理学』（誠信書房）、『人間関係の秘訣は、カーネギーに聞け』（三笠書房）、『イラストマニュアル 人をあやつる心理学』（宝島社）など。

マンガ　悪用禁止! 裏心理学

2016年5月23日　第1刷発行
2017年5月20日　第2刷発行

監修　齊藤 勇

発行人　蓮見清一

発行所　株式会社宝島社
〒102-8388
東京都千代田区一番町25番地
電話／営業　03-3234-4621
編集　03-3239-0928
http://tkj.jp
振替／00170-1-170829　㈱宝島社

印刷・製本　中央精版印刷株式会社

ISBN978-4-8002-5416-0